文・写真 辛永勝・楊朝景

再訪老屋顔

台湾名建築めぐり

X-Knowledge

まえがき──台湾レトロ建築再訪

2015年に前著『台湾レトロ建築案内』(原書)を出版して以来、各地で講演を行う機会が増え、さまざまな分野の人々と、レトロ建築を介して交流を深めるようになりました。この3年余り、Facebookページでも継続的に情報を発信してきましたが、レトロ建築に関心を寄せる人はますます多くなり、台湾ばかりか世界各地のレトロ建築の写真も寄せられるようになっています。本の影響なのかはさておき、レトロ建築に興味を持ってくれる人が増えることは、僕たちにとっても大変嬉しいことです。

今回も台湾各地の古い建物を訪ね、背後の物語に耳を傾け、「老屋顔*」を探す旅に出ます。本書で紹介している萬華林宅、瓦豆・光田、姜阿新洋楼、清木屋、新興大旅社は、どれも3世代の日常の記憶が詰まった建築であり、一つのレンガ、一枚の瓦にも家族が語り継いできた物語がありました。建物を通して、人生の理想を追求し続ける人たちにも出会いました。文魚走馬、鹿港の小艾背包客棧、書集喜室、莱児費可唱片行、萬国劇院、そして十鼓仁糖文創園区は、夢を追いかける人々が、見向きもされなかった荒れ果てた場所を誰もが楽しめるところに再生した事例です。各章の最後には、そのエリアで出会った数々の「鉄窓花」(鉄製の飾り格子)や「磨石子」(人造大理石)などを紹介しています。

＊「老屋」とは古い建築のこと。「老屋顔」は著者たちの造語で「レトロ建築の顔、表情」という意味。

今回は台湾本島だけでなく、かつて軍事上の要地だった金門と馬祖、夏のリゾート地として人気の澎湖など、離島にも足を伸ばしました。金門には福建南部様式の伝統建築集落のほか、南洋帰りの実業家たちが建てた美し

い洋風建築も見物です。馬祖は気候に合わせた石造りの民家が建ち並び、リノベーションが進められている旧軍事拠点では、軍事的対立で緊迫していた時代の名残に触れることができます。澎湖諸島では、硓𥑮石（珊瑚石）で建てられた古い民家や装飾性に富んだ装飾ブロックなど、本島の建築とはまったく景色が広がっていました。

本書の最後には、レトロ建築に見られる各種建材の職人たちに取材した記録を掲載しました。建物に温もりを与えるこれらの装飾は、レトロ建築の顔とも言えます。家主へのインタビューのなかでも、職人たちへの賞賛と感謝の言葉が多く聞かれました。技術の急速な進歩により次々と新しい建材が登場し、古い建材の多くは淘汰、生産停止となり、職人たちも次々と引退、転職していきましたが、彼らとの対話を通じて、鉄窓花や磨石子、モザイクタイルが花開いた時代に、もっと近づけたような気がしました。

このまえがきを執筆している今も、この一年の間に出会った温かい家主さんたちのことや、そのときに交わした会話が次々と思い出されます。当時の生活の具体的なディテールや、たくさんの資料を提供してくださったおかげで、僕たちの企画は、より立体的に、より豊かなものになりました。各地の家主さんをはじめ、店主、関係者のみなさんが分かち合ってくださったさまざまな思いが、この本の完成の大きな力となったのです。レトロ建築を通してみなさんと出会えたことは、なんと幸運だったことでしょう。そして最後に、馬可字羅出版社のスタッフのみなさんに心から感謝したいと思います。僕たちに最大の空間と時間を与えてくださり、この本の出版にご尽力くださいました。本当にお疲れ様でした。そしてありがとうございました。

まえがき················ 二
目次·················· 四

離島風情 ················ 七

金門島 ················ 八

黄輝煌洋楼 ············· 一六

陳景蘭洋楼 ············· 二二

陳清吉洋楼 ············· 二六

陳詩吟洋楼 ············· 三二

澎湖島 ················ 三六

花宅聚落 ··············· 四〇

澎湖天后宮、乾益堂中薬行 ··· 四四

澎湖開拓館 ············· 四八

馬祖島 ················ 五二

芹壁聚落 ··············· 五六

刺鳥咖啡書店 ··········· 六〇

台北・新竹・宜蘭・花蓮 ······ 六五

文魚走馬 ··············· 六六

瓦豆・光田 ············· 七二

萬華林宅 ··············· 七八

辛志平故居、李克承故居 ··· 八六

姜阿新洋樓 ············· 九二

設治紀念館 ············· 九八

阿之宝 ················ 一〇四

北部・東部で見つけた「老屋顔」いろいろ……一二〇

苗栗・彰化・雲林 …… 一二三

新興大旅社………………一二四
鹿港散策…………………一二八
太平老街、斗六行啓記念館、老屋町……一三二

中部で見つけた「老屋顔」いろいろ………一三三

嘉義・台南・高雄 …… 一三五

萬国戯院…………………一三六
獄政博物館………………一四〇
清木屋せいもくや………一四六
黎媽的家…………………一五二
十鼓仁糖文創園区………一五六
同・居 With Inn Hostel………一六二

南部で見つけた「老屋顔」いろいろ………一六八

レトロ建築の職人を訪ねて …… 一七一

装飾ブロック……………一七二
モザイクタイル…………一七六
人造大理石………………一八〇
型板ガラス………………一八四
鉄窓花……………………一八八

再訪 老屋顔

Copyright©2017 辛永勝・楊朝景 文・写真
Japanese translation rights arranged with Marco Polo Press,
a division of Cite Publishing Ltd through 太台本屋 tai-tai books

装丁
岩元萌
(オクターヴ)

金門島(ジンメンダオ)

離島風情

台湾本島とはどこか異なる光景が広がる

　かつて国共内戦で激しい砲撃戦が繰り広げられた金門。教科書で習った程度の知識しかなく、兵士の幽霊が出るという伝説のせいもあって、どこか不気味な印象はぬぐえませんでした。しかし、台湾各地のレトロ建築を訪ね歩くなかで、美しい「マジョリカタイル」が金門の建物に大量に使われていることを知り、ついにこの島と縁を結ぶことになったのです。

　金門島は中国福建省の南東沖に位置し、かつては海賊が対岸を攻撃するための要地でした。明代には「金門城」が築かれ、現在の地名の由来となっています。近年は観光地化が進み、島内ではレンタルバイクで手軽に観光を楽しむことができるようになりました。

▲軍部の管轄下にあった金門は開発が制限されてきたため、今でも福建様式の赤レンガ建築が数多く残る。

赤レンガの屋根が美しい伝統家屋

金門の伝統建築は、赤レンガを特徴とする福建省沿岸の建築様式を受け継いでいますが、軍部の管轄下で長らく開発が制限されていたため、古い集落がほぼそのまま残っています。台湾本島では、こうした集落は今ではほとんど見られません。また、建築様式や使用している建材も本島とは若干異なり、台湾の人々にとって、金門はどこか不思議なノスタルジーを感じさせる場所なのです。

伝統的な集落では、まず目に入るのが大きく盛り上がった「山牆」。これは建物を妻側から見たときの破風に当たる部分です。そして、その破風の下に装飾を施した部分を地元では「馬背」と呼んでおり、五行（中国古代の思想で万物を構成する5つの元素のこと）の金、木、水、火、土にちなんだ形をしています。

金門の伝統民家は、中庭の周りを建物で囲んだ「合院」と呼ばれる形式がほとんどです。集落には同じ姓の人々が集まっていることが多く、一族の祖先を祀る祖廟が必ずあります。

▲金門のどの集落にもある華麗な洋風建築は、南洋に出稼ぎに出た島民たちの成功の証。

故郷に錦を飾る──金門の洋風建築

金門を訪れたとき、まず目を引いたのが、装飾の美しい洋風建築でした。これらの建築は「番仔楼」(「番仔」は外国人の意味)や「洋楼」と呼ばれ、金門の歴史や文化を今に伝える貴重な存在です。

この小さな金門島に、なぜ福建様式とは異なる洋風建築が現れたのか。それは、南洋に出稼ぎに行った島民たちがもたらしたものでした。1842年のアヘン戦争でアモイ港が開港されると、西洋の列強は大量の労働力を必要とするようになり、金門の島民たちもアモイを経由して、西洋各国の南洋の植民地に渡りはじめました。事業に成功した一部の人たちは、そこで目にした洋風の建物を郷里に建てることで故郷に錦を飾ったのです。

洋風建築の鑑賞ポイント

金門の洋風建築の多くは、1920〜30年代に建てられたものです。当時、マレーシアやシンガポール、インドネシアなどに渡った金門島の人々の目には、西洋諸国が建てた洋風の建築は、新しさと進歩の象徴のように映ったのでしょう。しかし、職人の腕の違いや建材の調達の難しさ、人々の好みなどの要因から、金門の「番仔楼」は独特の特色を持つようになりました。例えば、建物の正面は洋風建築そのものですが、中に入ると中庭を囲んだ合院様式だったりします。いわば「東西折衷、中洋融合」とでも言えるかもしれません。

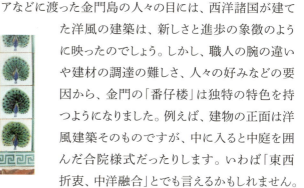

▼台湾本島ではあまり見かけないフクロウや羽を広げた孔雀の装飾タイル。

●マジョリカタイル

台湾のマジョリカタイルは、日本で生産されたものがほとんどです。日本は当時、輸出先であるアジア地域の好みに合わせ、花鳥、果物、山水、人物、ヒンズー教の神々などをモチーフにしたマジョリカタイルを生産していました。手間やコストのかかる「剪黏」（磁器片やガラス片を切って貼り合わせる装飾）、彩色、泥塑に比べると、マジョリカタイルは施工が簡単なうえ、四方に連続したパターンは華やかで美しく、さらに日本からの舶来品となれば建物にも箔が付きます。マジョリカタイルは金門の洋風建築をはじめ、祖廟や一般の民家でも大量に使用されました。この東洋的な味わいを持つ西洋の建材がヨーロッパの植民地文化を象徴する洋風建築に登場したことで、東西融合の重要な媒介となったのです。

▼インドの神々を描いた装飾タイル。金門からインドに渡った島民がいたのかもしれない。

◀「馬背」は破風の部分で、五行の金、木、水、火、土にちなんだ形をしている。

「馬背」に施される装飾は「脊墜」や「懸魚」と呼ばれ、各村で好まれる装飾が異なる。

▶祖廟と一般の廟の見分け方は壁の色。祖廟の壁はたいてい黒く塗られ、一般の廟は赤い壁が多い。

一三 離島風情 金門

▶レンガ、石、花崗岩などさまざまな材料を組み合わせて積み上げる工法は、台湾本島ではあまり見られない。

◀水頭集落にある蔡家旧宅の格子門。四季折々の花々や珍しい動物が透かし彫りされ、職人の精巧な技が際立つ。

▶ マジョリカタイルの四方に連続したパターンは華やかで美しく、金門の洋風建築、祖廟、民家などに大量に使用された。

● 泥塑

金門の洋風建築に見られる中洋融合のポイントと言えば、泥の塑像でしょう。牡丹、パイナップル、コウモリ、龍など東洋の縁起物から、天使、鷹、バラ、ライオンなど西洋の素材までモチーフはさまざま。特にユニークなのが「山牆」によくあしらわれている飾り時計。針は12時半から12時50分くらいを指しているものが多いのですが、これは12時の昼休みになっても、人より少しでも長く働きなさいという激励の意味が込められています。

▼ 泥塑の装飾は必見。中洋折衷の意匠のなかに、さまざまな寓意が込められている。

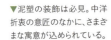

● 窓上の装飾、鉄格子、型押し模様の床

その他の見どころとしては、窓や門の上のダイナミックな装飾や、侵入を防ぐための「鉄窓花」(飾り格子)などがあります。もし建物の中に入ることができたら、足元の床も要チェック。床一面に広がる型押し模様が、「番仔楼」の華やかな趣を演出します。

一五 離島風情 金門

▲山牆の装飾時計。多くは12:30、12:40、12:55を指し、勤労を奨励する意味が込められているそう。

▲床に施された連続パターンの型押し模様が華やかだ。

▶窓の上にはさまざまな意匠の立体的な装飾が施され、異国情緒を添えている。

▲海賊や泥棒の侵入を防ぐため、窓には美しい鉄製の飾り格子が取り付けられている。

一六

黄輝煌洋楼
ホァン フェイ ホァン ヤン ロウ
敵の目を欺く「偽の家」を擁する優雅な洋楼

▲得月楼は地下1階、地上4階の防御用の塔。2階以上の四方の壁には丸い銃眼があり、銃架も装備されている。

一七 離島風情 金門 黄輝煌洋楼

▶黄輝煌洋楼は中央が凹んだ「三塌寿」様式の洋風建築。奥へすぼまることで、入口の前にポーチができる。

　金門には洋風建築が約130軒あまり残っており、建物の構造から「三塌寿」、「出亀」、「五脚基」の3種類に分けることができます。「三塌寿」は、正面三間のうち中央部分が奥へすぼまっていて、上から見ると凹形になっています。これとは逆に、中央部分が亀の頭のように前に出ているものを「出亀」と言います。「五脚基」はシンガポールの都市計画に由来し、建物の周りに庇（ひさし）のついた幅5フィートの通路を設けたものです。

　数ある金門の洋風建築のうち、見逃してはならないのが水頭集落。アヘン戦争後、水頭集落の多くの住民は、アモイを経由してインドネシアへ出稼ぎに行き、1920年代には続々と島に戻ってきて洋風建築を建てました。なかでも代表的なのが、黄輝煌が1931年に建てた銃楼（防御用の塔）、假厝（見せかけの本館）、本館の建築物からなる「黄輝煌洋楼」です。

黄輝煌洋楼
金門県金城鎮前水頭44号

開放時間：08:30〜17:00
大晦日休館

建築時期：1931年
築年数：88年
当初の用途：住居

得月楼──デコラティブな防御のための塔

「黄輝煌洋楼」の向かって一番左側の建物は「得月楼」と優雅な名が付いていますが、実際は海賊の攻撃を防御するための「銃楼」と呼ばれる塔です。地下1階、地上4階の建物で、2階以上の壁には丸い銃眼が開いているほか、鉄製の銃架も備え付けられています。地下には本館に続く通路があり、弾薬の補給や避難用に使用されていました。敵を防ぐための建築ですが、銃眼の周りを梅の花や国民党の党章で装飾したり、上方には炎のような立体装飾があしらわれたりと、装飾の美学はここでも健在です。

▲海賊を欺くための「假厝」。細部までこだわった装飾が施され、特に「山牆」の泥塑は極めて細緻。本物と見分けがつかないほどの出来映えだ。

假厝──「偽の家」

同じく防御目的で建てられたのが、得月楼の左後ろに建つ「假厝」。「假厝」は偽の家という意味ですが、「三塌寿」

様式の華やかな建築です。こんな立派な建物が銃楼のそばに建っていれば、敵もきっとそれが攻撃目標だと勘違いしたでしょう。それもそのはず。敵を徹底的に欺くため、「假厝」の外観は本館と同じように美しく仕上げられています。中央の「山牆」（建物最上部に盛り上がった石造りの装飾）の精緻な泥塑をはじめ、色合いの違う洗い出し壁、壁際の豊かな装飾など、本物と見まごうばかりの手の込みようです。しかし、中へ入ってみるとびっくり。狭くて奥行きもなく、扉を開けるとすぐ壁といった具合です。本物の本館は「假厝」の左側にあり、盗賊が簡単に侵入できないように、2棟はくねくねと折れ曲がった細い通路で通じています。

▼「山牆」の中心には西洋風の盾。周りには草花や果物、縁起のよい動物などの装飾が配されている。

重厚な本館

細い通路を抜けると「本物」の黄輝煌洋楼にやってきます。本館も「假厝」と同じく中央部分が凹んだ「三塌寿」様式で、1階と2階の中央に並んだ六角柱が荘厳な趣をたたえています。本館の最大の見どころは、なんと言っても「山牆」の手の込んだ装飾でしょう。まず目に止まるのが、建造年である「中華民国二十年」（1931年）と書かれた西洋風の盾。その上の時計は12:40を指し、昼休みの時間を過ぎても40分は働きなさいという先人からの叱咤激励です。このほか、「山牆」にはバラ、ブドウ、パイナップルなどの草花や果物、獅子、鳳凰、鶴などの縁起のよい動物や天使の姿などがあり、吉祥を表す要素も中洋折衷です。

左右の建物は八角形のものが多いため「八角楼」とも呼ばれています。特に2階は溝の入った付け柱（装飾用の柱）、窓上のシュロの葉やのこぎり状の装飾、柱頭の吊り飾り模様など、西洋のスタイルが色濃く出ています。しかし、建物の主はやはり東洋人。正面の窓の周りに伝統的な赤レンガを使ったり、窓上に蟹と鯉の泥塑をあしらったり、さらにはベランダの花瓶形の欄干、梁に現れた2匹の竜など、中国風の装飾もしっかりと存在感を主張しています。

▶八角楼の2階部分の壁面は、掻き落とし工法による人造石。シュロの葉やのこぎり状の装飾帯も西洋建築によく見られる装飾手法。

1階の壁は、「燕子磚」（ツバメレンガ）と呼ばれる、焼成時に焼きむらのついた赤レンガを基調としています。壁面には白地にレンガで文字をかたどった装飾があり、「山牆」とともに黄輝煌洋楼の見どころとなっています。入口上方の梁には象、鶴、花、天使などの彫刻があしらわれ、壁には色彩鮮やかなマジョリカタイルが一面に張られています。

▼入口両側の壁には、色鮮やかなマジョリカタイルがふんだんに使われている。

二 離島風情 金門 黄輝煌洋楼

▲桃の形をした枠の中に蟹と鯉の泥塑。学問や事業で大きな成功を収めることを寓意。

黄輝煌洋楼は、インドネシアで成功を収めた黄氏が1931年に帰郷して建てたものですが、日本軍が1937年に金門を攻め落とすと、一族は豪華な住居を残して再び金門を去ることになります。国民党が金門を軍事拠点としていた時期も軍事施設として使用されました。一度は廃屋となりましたが、金門国家公園による修復を経て、今では金門の帰国華僑の文化を知る重要な文化財となっています。

焼きむらの入った「燕子磚」(ツバメレンガ)と白地に赤レンガの文字が、八角楼の壁に躍動感を与えている。

陳景蘭洋楼
チェン ジン ラン ヤン ロウ

「五脚基」様式の歩廊が美しい かつての軍人たちの楽園

金門は1992年に戦地としての役目を終え、観光地として開放されましたが、島内には立ち入り禁止の軍事関連施設が多く残っています。金門の洋風建築のなかでも、軍部と深い関わりがあったのが陳景蘭洋楼です。

高台に立つ白壁の陳景蘭洋楼は、かつて「陳坑」と呼ばれた成功集落にあるため「陳坑大洋楼」とも呼ばれています。日本統治時代や国共内戦の時代、建物の用途に応じて日本軍指揮所、防砲部隊、野戦病院、金門高中（高校）など、さまざまな名称で呼ばれてきましたが、直近では官兵の娯楽施設「金門官兵休暇中心」（1959～1992年）として使用されていました。客室、食堂、ビリヤード室などを備え、退役を控えた兵士たちが、ここでのんびりと休暇を過ごしました。正門前の広場から下へ下りていくと「金湯公園」があり、トーチを掲げた「自由の女神像」が立っています。

▲金湯公園のシンボルである、国軍の兵士が立てた「自由の女神像」。

シンガポール帰りの陳景蘭によって建てられたこの洋楼は、4年の歳月をかけて1921年に落成しました。屋根付きの廊下が一周した「五脚基」様式の建築は、百年近くたった今もシンメトリーが美しいたたずまいです。連続する優美なアーチがスケール感を醸しだし、アーチ上方や柱頭のさまざまな装飾帯によって、横に広がりのある視覚効果をもたらしています。典型的な洋風の植民地建築ではあるものの、丸みのある「山牆」や花瓶状の欄干、長寿と子孫繁栄を象徴する丸窓の仏手瓜やカボチャの装飾など、伝統的な福建様式を重んじる心が随所に見て取れます。

陳景蘭洋楼
金門県金湖鎮成功1号

開放時間：08:30～17:00
大晦日休館

建築時期：1921年
築年数：98年
当初の用途：軍事施設、野戦病院、高校、官兵の娯楽施設

▲アーチに壁面から飛び出したキーストーンを配し、立体感を出している。

南洋帰りの島民が成功の象徴として建てた豪華な洋風建築は、ほとんどが自宅用でしたが、陳景蘭が建てたのは地元の子供たちのための学校でした。知識こそ力であると深く信じていた彼は、故郷に学校をつくり、魚を捕るだけの人生から子供たちを解放してやりたいと思っていました。そしてシンガポールとインドネシアで事業に成功すると、陳景蘭はこの場所に洋楼を建て、福建省から優秀な教師を招き、無料で子供たちに教育を受けさせたのです。誰よりも故郷を思い、故郷を愛した陳景蘭でしたが、時代の波に翻弄されるように、日本軍の占領から逃れるため金門を後にし、生涯故郷に戻ることはなかったということです。

◀仏手瓜やカボチャなどの装飾は、伝統的な福建様式の意匠だ。

離島風情 金門 陳景蘭洋楼

▼内部には陳景蘭の生涯と一族の歴史を紹介する展示がある。

▼混沌とした時代を見守ってきた陳景蘭洋楼。さまざまな名称で呼ばれてきたが、直近の「金門官兵休暇中心」の文字が残っている。

陳清吉洋楼
映画のロケにも使われた華やかな洋風建築

「陳清吉洋楼」という名に馴染みがなくても、台湾映画『軍中楽園』(2014年)の特約茶室(軍の娼館)のロケ地と聞けばピンとくる人も多いはず(日本でも2018年に公開された)。映画のポスターでは、建物の正面階段に女性たちが並び、その背景に映る彫刻柱やマジョリカタイルなどが時代を感じさせ印象的でした。金門が軍部の管理下にあった時代、陳清吉洋楼は確かに幹部訓練施設として使用されていましたが、「特約茶室」があったという記録は残っていません。

二七　離島風情　金門　陳清吉洋楼

▲塀に並ぶ「解救大陸同胞」(大陸の同胞を救い出せ)の6文字。こうした戦時中の軍事的スローガンも、今や金門の貴重な文化資産のひとつ。

建物は高い塀に囲まれ、右手に設けられた真っ赤な扉に視線を奪われます。両側の門柱には「鍛錬堅強体魂 完成復国使命」(体と心を鍛え、国家回復の使命を果たせ)というスローガンがぼんやりと残っており、その上の「山牆」には、向かい合った龍が青天白日(国民党の党章)を掲げています。このような戦時の名残は、ほかの中国沿海地域には見られない、金門の洋風建築の大きな特徴にもなっています。

陳清吉洋楼
金門県金沙鎮三山里三山村碧山

一般開放なし

建築時期：1931年
築年数：88年
当初の用途：住居、国軍幹部訓練所

2階のベランダにある美しい飾り格子。中央に2つ、桃の図柄があるのがわかるだろうか。

「陳清吉洋楼」は、シンガポールで商売に成功した陳清吉が1931年に建てた洋風建築。八角楼に幹を絡めたガジュマルが、時の流れを感じさせます。外壁には台湾では珍しいパターンのマジョリカタイルが大量に使用され、今も建物に鮮やかな彩りを添えています。柱頭上の水平の部分には、西洋の帽子とスーツを身につけ、手に洋傘を持った紳士が立っています。その隣には「UNION IS STRENGTH」（団結は力なり）の文字。さらにその両側には、サンパン船（平底の木造船）を漕ぐ老人と子供の泥塑があり、陳一族が船で身を立てたことを物語っています。2階の美しい飾り格子をよく見ると、洋風の優雅なデザインの中に桃の形があり、これも一種の中洋折衷なのでしょう。

▶サンパン船を漕ぐ老人と子供の泥塑。陳一族が輸送業で生計を立てたことの証だ。

柱頭の上の部分には、手に洋傘を持った紳士と「UNION IS STRENGTH」(団結は力なり)の文字。

二九　離島風情　金門　陳清吉洋楼

柱や壁は色褪せてしまっているが、外壁にびっしりと貼られたマジョリカタイルは、今も建物に鮮やかな彩りを添えている。

洋風建築の一番の見どころは「山牆」のはずですが、陳清吉洋楼の最上部には3枚葉の装飾しかありません。実は1965年に修繕が行われたとき、山牆が風で倒されて修復不能となってしまったため、今のような花瓶形の欄干に置き換えられたということです。当時は写真撮影が厳しく取り締まられていたため、果たして山牆がどのような姿だったのか今は知る由もありません。

『軍中楽園』の撮影のため、陳清吉洋楼の隣村には当時の情景を再現した通りがあり、今では観光スポットのひとつとなっています。かき氷屋、ビリヤード場、公衆浴場のほか、当時は撮影許可証を取得していた数少ない「金門撮影社」まであり、軍人と島民が密接につながっていた当時の生活を垣間見ることができます。

映画撮影のために当時を再現した街並み。かき氷屋、ビリヤード場、公衆浴場など、金門の人々のかつての日常がよみがえる。

三一　離島風情　金門　陳清吉洋楼

三

陳詩吟洋楼
チェン　シュー　イン　ヤン　ロウ

異国情緒あふれる動物たちが　かつての栄華を伝える

離島風情　金門　陳詩吟洋楼

▲西洋風の鉄門越しに、「出亀」様式(p17参照)の建築とユニークな装飾が観察できる。

金城エリアのマップを広げると、歴史的観光スポットが密集しているのがわかります。似たような西洋建築が建ち並ぶなか、やっとのことで見つけたのが「陳詩吟洋楼」。一般に開放されていないため、鉄の扉越しから観察することに。

「出亀」の最上部には大きな「山牆」(建物最上部の石の装飾)があり、完工年の「1933」の数字がはっきりと見えます。パイナップルの形にくり抜かれた空間には女神像が立っていますが、残念ながら頭部がなくなっています。山牆の両端に立つ短い柱の上には、片膝をつき、片手を腰に、もう片手を頭に当てたインド人労働者の人形。もともと頭上に桃を載せていたようですが、こちらも今は見あたりません。

視線を山牆の軒下に移すと、たくさんの塑像が軒を支えているのが見えます。両側の角を支えているのは象、中央には翼を広げたコウモリ、ほかにも孔雀や獅子などが賑やかに並んで山牆を支えています。特に注目すべきは、付け柱(装飾用の柱)上部の3人一組になったインド人労働者でしょう。身につけている服や表情、年齢、動きが一人ひとり異なり、実に生き生きとしています。

1階と2階の間の装飾も盛りだくさんです。中央には港の風景が広がり、その両側には軍楽隊の兵士が楽器を吹いて行進しています。柱頭にはそれぞれ虎、羊、獅子、馬などの動物が躍ります。

陳詩吟洋楼
金門県金城鎮珠浦東路44号

一般開放なし

建築時期：1933年
築年数：86年
当初の用途：住居、日本軍招待所、金門高校教師宿舎

陳詩吟洋楼は、南洋帰りの陳詩吟が3万銀円を投じて建てたものです。1933年の落成を待たずに彼は病で亡くなりますが、彼の4番目の妻が、日本軍が金門を占領する1937年までここで暮らしていました。日本軍の招待所（政府機関などの宿泊施設）、国軍施設、金門高校の教員宿舎などを経て、その後は手つかずのまま荒れ果てて今日に至っています。金門県が定める古跡に指定されているものの、今も修復のめどは立っていません。

後浦集落で最も精緻な洋風建築と言われる陳詩吟洋楼。構造や建材が多様であるばかりでなく、彫刻や泥塑など装飾の細部にいたるまで凝っており、じっくりと時間をかけて鑑賞する価値があります。

▲「山牆」両側の柱には片膝をついたインド人労働者。片手を腰に、もう片手を頭に当て、本来頭上にあった桃を支えた格好をしている。

▼湧き起こる雲のような形をした「山牆」。竣工年が記され、パイナップル形に開いた空間には精緻な女神像が立っている。

三五　離島風情　金門　陳詩吟洋楼

▲軒下を支えるたくさんの泥塑。縁起のよい動物からインド人労働者まで実に多彩。陳詩吟洋楼の見どころの一つ。

現存する金門の洋風建築は、一部は修復され文化記念館として開放されたり、宿泊施設としてリノベーションされていますが、大部分は所有者が南洋へ移民、もしくは所有権が複雑であることなどから、管理者不在のもと廃墟化しているのが現実です。これらの洋風建築は金門の特殊な文化的資産であり、これらを修復し守っていくことは、歴史を語り継いでいくうえでとても重要です。行政の積極的な取り組みに期待したいところです。

▼柱頭上には虎、水平材には水遊びをする野鳥などの装飾が。その豊かな構図には驚かされる。

澎湖島(ポンフーダオ)

離島風情

文化遺産と美しい自然が調和する 台湾きってのリゾートアイランド

台湾本島から西に約50kmの海上に浮かぶ澎湖諸島。至るところに天人菊が咲き、別名「菊島」とも呼ばれています。かつては金門と同じく軍事の要衝であった澎湖も、今では観光産業が経済の要となり、夏の観光シーズンともなれば、島は美しい大自然や海鮮料理を堪能する観光客でごった返します。

▲「硓𥑮石」は澎湖の伝統的な住居でよく見られる建材。炭酸カルシウムからできており、極めて固く、表面に開いた小さな穴が熱と音を遮断する。

建材は近場で調達

「嫁をもらいたければ、硓𥑮石を3年運べ」──これは地元に長く伝わる諺です。硓𥑮石とは珊瑚石のこと。澎湖では、海辺で手に入れられる硓𥑮石が建材として広く用いられてきました。炭酸カルシウムでできている硓𥑮石は、とても固くて丈夫なうえ、表面の細かい穴には熱と音を遮断する効果があるため、建材には持ってこいの素材でした。ただし、海岸で集めた硓𥑮石には塩分が多く含まれているので、少なくとも2、3年は天日干しにしなければ建材としては使用できません。新居を建てるのに3年はかかると言われてきたゆえんです。また、凸凹して大きさもふぞろいなので、積み上げるのにも一苦労です。地元では「先大後小、下重上軽」（大きいのを先に積み、小さいのは後に積む、重いのを下に積み、軽いのを上に積む）というコツが伝わっています。

泥塑やブロックで作られた装飾窓。「囍」、「萬」、「壽」などの文字をかたどり、周りを「剪黏」(磁器片やガラス片を貼り合わせる装飾)や貝殻で装飾している。

潮風にも錆びない装飾ブロックを活用

日本統治時代の中後期になると、澎湖でもセメントが使用されるようになり、人造石の壁や、「囍」や「萬」など文字をかたどった装飾窓などが登場します。セメントを使った建材には、このほかに装飾ブロックがあります。澎湖の装飾ブロックは、セメントに海砂を混ぜたものが使われ、珊瑚や貝殻の粒が混ざっているので表面がざらざらしています。潮風で鉄が錆びやすい澎湖では、「鉄窓花」（鉄製の飾り格子）はあまり向かないため、同じく通気性に優れ、デザインも多様な装飾ブロックが使用されているのです。その豊かなパターンや用途は、澎湖のレトロ建築を鑑賞するときのポイントにもなっています。

三九　離島風情　澎湖

▶澎湖では鉄製の飾り格子の代わりに装飾ブロックがよく使われる。台湾本島にはない珍しいパターンも多い。

花宅聚落
(ファー　ジャイ　ジュー　ルオ)

青空に映える赤い屋根と「曽」の字形の窓

澎湖の中心地、馬公から船で約50分のところに望安島はあります。見どころである中社村は旧名を「花宅」と言い、集落一帯の丘が花の形に集まっていることに由来しています。花宅は300年あまりの歴史を持つ澎湖伝統の漁村建築集落で、2010年には台湾初の重要歴史集落に指定されました。

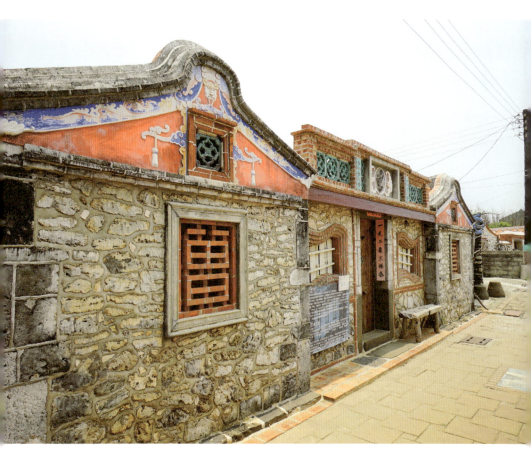

▲花宅集落の曽家古厝。

離島風情　澎湖　花宅聚落

建材を近場で調達する澎湖の建築手法は、特に壁や塀の建築工法によく表れています。まず、切り出した玄武岩や硓𥑮石を積み上げ、隙間に小石を詰めた後、最後に牡蠣の殻を灰にして作った泥、またはセメントで目地を埋めて仕上げています。家の壁や塀のほかに、野菜畑を仕切る塀にも同じ工法が使われ、強い風から農作物を守る役目を果たしています。廃墟となった民家では屋根が抜け落ちたりしていますが、これらの壁や塀だけはしっかりと立っているので、よほど頑丈なつくりなのでしょう。

花宅聚落（曽家古厝）
建築時期：1922年
当初の用途：住居
鑑賞ポイント：「曽」の字形の窓、巻物の形の窓、
　　　　　　　緑色の飾り塀

集落にやって来ると、まず目を奪われるのが伝統建築の曽家古厝(「厝」は家という意味)でしょう。海上輸送業を営んでいた曽氏の1代目が1922年に建てたもので、三合院形式(中庭を三方の建物で囲んだ建築様式)の住居です。見どころは変化に富んだ窓にあり、なかでも一族の名字「曽」の字をかたどった窓がユニークです。

正面には巻物(古代の竹でできた書籍)をモチーフにした窓があります。竹筒にセメントを流し込んで作られた窓格子は、まるで本物の竹のよう。扉の上方には、緑色の装飾ブロックをはめ込んだ飾り塀があり、中央の「曽」の字を2匹の蝙蝠(コウモリ)が囲んでいます。ちなみに蝙蝠の「蝠」は中国語の「福」の発音と同じなので、中華圏では蝙蝠は縁起のよい動物とされています。

▲赤い屋根瓦に珊瑚石の壁を組み合わせた、福建様式の建築。

四三　離島風情　澎湖　花宅聚落

▶正面入口の窓は竹でできた巻物を模している。

　一時は荒れ果ててしまったものの、後に子孫の一人が旧宅の修繕を一族関係者に呼びかけ、再び今日のような美しい姿を取り戻しました。今後は一族で共に保有し、保護していくことになったそうです。

◀集落の見どころは変化に富んだ窓のデザイン。なかでも「曽」の字を赤レンガで組み合わせた窓がユニークだ。

澎湖天后宮
乾益堂中藥行

ポン フー ティエン ホウ ゴン
チェン イー タン ジョン ヤオ ハン

400年の歴史を誇る古跡と洋風建築が同居する空間

馬公の中心部に建つ澎湖媽祖天后宮は、台湾で最も古い廟として知られ、国の第一級古跡にも指定されています。400年の歴史のなかで何度も改修が行われましたが、日本統治時代の1922年に行った再建工事で現在のような外観が定着しました。前殿の屋根は両端が半円を描いて天を突き、高さの違う棟が廟に豊かな表情を添えています。

▲澎湖の天后宮は台湾最古の廟。半円を描いた屋根や多角形の石段が独特だ。

離島風情　澎湖　澎湖天后宮・乾益堂中薬行

▲「四眼井」は井戸口に花崗岩の板を被せ、四つの穴を開けて同時に水汲みができるようにした。

天后宮の前に伸びる中央街は、清代の乾隆年間（1736-1795）に形成された商業の中心地です。中央街の最北端には、約400年前に掘られたという「四眼井」（井戸）があります。水道がまだ整備されていなかった時代、通りの旅館や漢方薬店で必要な水は、すべてこの井戸から汲み上げられていました。その名のとおり、「四眼井」には四つの井戸口が開いていますが、もともと穴は一つだけだったそうです。

四眼井のそばに建つクリーム色の洋風建築が乾益堂です。水源に近いということもあり、昔から客の絶えない漢方薬店でした。乾益堂は1918年に建てられ、ちょうど洋風スタイルが取り入れられるようになった時期だったことから、その風潮が反映されています。当時はまだ少なかった2階建て建築で、左右対称のファサードには円形や長方形などの幾何学パターンが入っています。2階の縦長の窓やアーチ形の扉、飛び出したベランダなども、当時としてはまったく新しい建築様式でした。今や4代目となった乾益堂のオーナーは、この貴重な洋風建築を保存するため、自ら県に古跡指定を要請。1999年に澎湖県の指定古跡となり、2004年に修繕を完了しました。

澎湖天后宮
澎湖県馬公市正義街1号
06-9262819／05:00-20:00
建築時期：1922年
鑑賞ポイント：多角形の石段、反り上がった棟

乾益堂中薬行
澎湖県馬公市中央街42号
06-9272489／09:00-17:00
建築時期：1918年
鑑賞ポイント：西洋風のファサード、伝統的な生薬棚

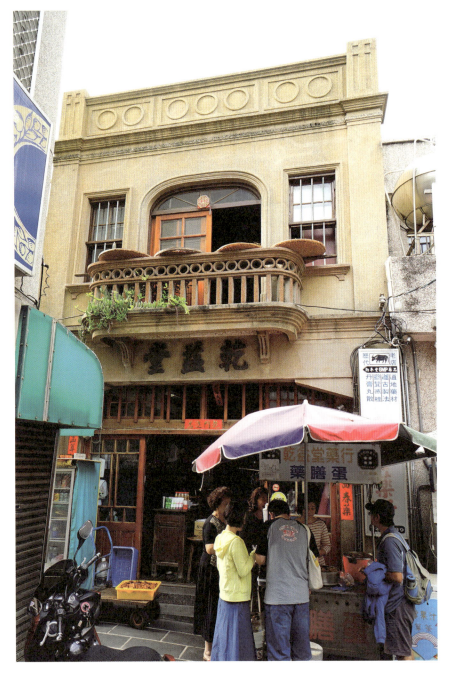

▲バロック建築風のファサード。円形や長方形のすっきりしたパターンが美しい。

漢方薬の香りにつられて店内に入ると、床はモスグリーンの窯焼きタイル。引き出しがずらりと並んだ生薬棚や、木製のカウンターが古びた趣を漂わせています。特別に上がらせてもらった2階は、仏堂と生薬の保管スペース。ベランダではナツメを天日干ししているところでした。下をのぞくと、大勢の観光客が四眼井で足を止めて写真を撮っていますが、乾益堂の店先にも何やら行列が。店が独自に処方した漢方薬で煮込んだ玉子が観光客にも人気だそうで、店の新たな商機になっているのだそう。

生薬棚や木製のカウンターが古びた趣を漂わせる。

澎湖開拓館
ポン　フー　カイ　トゥオー　グァン

歴史の重みを感じさせる和洋折衷の官庁建築

昭和10年（1935）に完成した澎湖開拓館は、日本統治時代は澎湖庁長の官邸として使用された、大正時代の風格をたたえた建築です。大正期と昭和期の日本は、政治や経済などの面で大きく発展し、西洋の列強に追いつけ追い越せの時代でした。そんな日本政府が統治する台湾でも、官公庁の建物には新しい建材が多く導入され、時代とともに前進していこうとする息吹に満ちていました。

四九　離島風情　澎湖　澎湖開拓館

▲入口ポーチの外壁には、日本統治時代の官公庁建築に多用されたスクラッチタイルが。角のカーブに合わせてタイルも曲線を描いている。

澎湖開拓館は和洋折衷の建築様式です。屋根は和風の瓦葺きですが、建物の本体は昭和初期に始まった鉄筋コンクリート造。丸みを帯びた庇やカーブを描いた壁の角も、昭和期の建築によく見られた手法です。入口ポーチの外壁には、当時官公庁建築によく見られたスクラッチタイル（表面に細い溝の模様が入ったタイル）が用いられ、角のカーブに合わせるようにタイルも曲線を描いています。ポーチ外側のタイルは黄褐色、内側は深緑色、洗い出しの白っぽい壁と人造大理石の赤い床など、彩りも実に豊か。内部は応接スペースが洋式、個人の生活スペースは和式となっていて、こちらも和洋折衷。例えば玄関や応接室（今はチケット売場）、出窓のある食堂などはすべて洋風ですが、さらに奥の板廊下を行くと畳敷きの客間、居間、寝室があり、出入り口もドアから障子に変わります。

澎湖開拓館
澎湖県馬公市治平路30号

開放時間：09:00-12:00
　　　　　14:00-17:00
　　　　　（月曜、火曜、祝日休館）

建築時期：1935年
当初の用途：澎湖庁長官邸
鑑賞ポイント：和洋折衷スタイルの建築、外壁のスクラッチタイル

▲主に住居として使われていた和風の空間。

▲八角形の出窓は当時の流行だった。大きなガラス窓で室内も明るい。

官邸として利用した最後の県長が1992年に出ていってしまった後、建物は長らく放置されてきました。7年後、当時の県長の指示により澎湖開拓館として整備され、日本統治時代から国民党政府時代にかけての澎湖の発展を紹介する施設として生まれ変わりました。観光客にとっても、澎湖の数百年の文化の歴史を知るのにぴったりの場所です。

◀洋式のドアと和式の障子が同居する空間。洋と和で床板の材質も変えている。

馬祖島
マーズゥーダオ

離島風情

かつての軍事拠点から絶景を誇る観光地へ

馬祖は台湾より中国大陸側にずっと近く、大陸との距離はたったの9.5km。そのためか、台湾本島の人々にとって、馬祖はとても遠い存在でした。国民党が国共内戦に敗れて台湾に渡ってくると、馬祖はのどかな漁村から一変して戦略的軍事拠点となり、台湾から遠い金門・馬祖への派遣は兵士たちにも敬遠されていました。

五三 離島風情 馬祖

▲かつては軍事拠点だった馬祖。近年は観光産業に力を入れ、天后宮や八八坑道、「青の涙」などが人気スポットに。

馬祖は4、5月の雨期と7、8月の台風のシーズンを避けて訪れるのがいいでしょう。ただ、霧が発生しやすいため、空港が閉鎖されることもしばしば。天気がよければ、着陸前の飛行機から岩礁ばかりの海岸と四角い石造りの民家が並んでいるのが見え、台湾本島とはまったく違った風景に心が躍ります。

馬祖列島は五つの主な島から構成されています。ほかの離島と同じように、近年は観光と農特産品に力を入れ、老酒(ラオチュ)(熟成酒)を貯蔵する八八坑道、「馬祖のエーゲ海」の別名を持つ北竿芹壁集落、ここ数年爆発的な人気の「青の涙」(夜光虫で海が青く光る現象)など、どれも素晴らしい観光資源を誇っています。そしてまた、台湾本島と様式の異なる建築も見どころの一つです。

▶馬祖の伝統建築は、福建省北東部の建築様式を受け継ぐ。骨組みに福州杉を、壁には地元の花崗岩や中国の石灰岩を使用している。

芹壁聚落
チンビージールオ

「馬祖のエーゲ海」の名にふさわしい光景が広がる

馬祖は地理的環境をはじめ、風土や慣習も台湾本島とは大きく異なりますが、伝統建築においても違ったルーツを持っています。本島はオランダや日本の統治を受けていた影響で、洋風や和風と融合した工法が建築に取り入れられましたが、馬祖は逆にこのような影響を受けなかったため、福建省北東部の沿海地域に伝わる建築様式を受け継いでいます。主な骨組みに福州杉を用い、壁には黄色い花崗岩や石灰岩を使用しており、台湾本島でよく見られる福建省南部様式の土レンガや赤レンガ造りの家とは、見た目も明らかに違います。

▼花崗岩の家が並ぶ集落。馬祖の伝統建築の多くは、漁船が出入りする入り江周辺に集中している。

五五　離島風情　馬祖　芹壁聚落

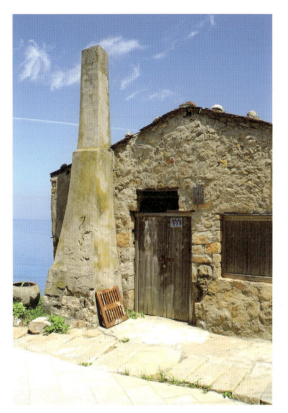

芹壁集落は北竿島にある、入り江に面した小さな漁村です。四角く白っぽい家並みが地中海サントリーニ島の白塗りの家と似ていることから、芹壁集落は「馬祖のエーゲ海」と呼ばれることもあります。

はるか宋の時代には漁民がここに定住し、1950～60年代に国軍が進駐。1980～90年代にはほとんどの住民が本島へ移り住み、村は荒廃してしまいましたが、そのために40年前の漁村風景を手つかずのまま残すことになり、今では馬祖随一の観光スポットとなっています。

集落の住居の特徴のひとつに、4つの斜面から成る寄せ棟造りの屋根、「番仔搭」があります。「番仔」とは「外国人」のこと。つまり「番仔搭」は西洋式の屋根という意味で、中国南部の沿岸に建てられた外国商社の建築から取り入れたものでした。屋根に敷かれた瓦は漆喰で固定していないため、隙間に空気の対流が生じ、屋内を冬は暖かく、夏は涼しく保ってくれます。ただ、強風で飛ばされることもあるので、瓦には重しの石が置かれ、独特な光景を作っています。

芹壁集落

建築時期：明清時代
当初の用途：住居
鑑賞ポイント：福建省北東部様式の家並み、石造りのスローガン、番仔搭、重しが乗った屋根、海賊屋

五七　離島風情　馬祖　芹壁聚落

▼集落の曲がり角の壁にはそこかしこに軍事的スローガンが残っている。

▼屋根の上に整然と並べられた重しの石。馬祖ならではのユニークな光景。

▲石材が手に入りにくかったころは、石を加工しないまま積んでいたため、石の大きさにばらつきがある。

石造りの壁は、屋内の温度を調整できるほか、海賊の攻撃からも守ってくれました。実はこの岩の積み方で、建てられた時期もわかります。昔は石材が手に入りにくかったため、岩をあまり加工せず、大きさの違う岩を積んでいきました。近代になり、技術や財力が備わってくると、今度は石を予め決まった大きさに切り出し、磨いて形を整えたあと、ヘリンボーンや小口積みに積み上げました。なかでも手間のかかるヘリンボーンは、裕福な人々の住居によく見られます。

芹壁で最も立派な住居と言えば、「海賊屋」（海賊の家）でしょう。その名のとおり、主の陳忠平はかつて北竿一帯を牛耳っていた海賊で、1930〜40年代にこの家を建てました。積み方はもちろんヘリンボーン積み。屋根は寄せ棟造りの「番仔搭」、屋上に立つ低い壁には魚をかたどった雨水の吐水口があり、両側には可愛らしい石獅子が鎮座しています。現在は所有権などの問題で開放されておらず、外から眺めるしかできないのが残念です。

五九　離島風情　馬祖　芹壁聚落

▼石獅子と魚の形をした吐水口。

▼建物正面には中国産の石灰岩、側面には地元の花崗岩を用い、手間のかかるヘリンボーン積みを採用。

刺鳥珈琲書店
ツー ニャオ カー フェイ シュー ディエン

軍事施設をリノベーションしたブックカフェ

馬祖は中国共産党と対峙する最前線として、1955年から国民党軍の管理下に置かれます。それから四十年近く経った1992年、馬祖はようやく戦地から解放され、戦地だった特色を生かして観光地化を進めてきました。馬祖列島は世界で最も坑道が密集している島だと言われていますが、こうした坑道やトーチカ、防空壕、拠点などの軍事施設が、今では観光の目玉となっているのです。南竿島の「刺鳥珈琲書店」もそのうちの一つです。

離島風情　馬祖　刺鳥珈琲書店

▲海に面した崖の上に建つ建物は、軍事施設をリノベーションしたもの。壁の迷彩柄もそのまま残している。

馬祖の地勢は起伏が激しいうえ、海辺の軍事施設はどれも険しい岸壁に設けられたため、現地までの道のりは一苦労です。レンタルバイクで山道を上り、道がなくなるとバイクを止め、徒歩でさらに階段を下へ。下りた先を曲がると、まずは海が見え、続いて迷彩柄をまとったコンクリートの建物が目の前に現れました。

刺鳥珈琲書店は南竿島の最北端、牛角集落にあります。2階建ての屋上からは、海の向こうに中国大陸を望むことができ、夜になれば中国の風力発電所の明かりまで見えるそうです。カフェと書店が一つになった店内は、大きな窓がいくつもあり、どの席からも馬祖の美しい海を眺めることができるようになっています。蔵書は哲学、芸術、文学などを中心に、馬祖に関する本もたくさん置かれています。1階の奥の階段を数段下りたところに、オーナーの書斎があります。横長の窓の前には大きな机が置かれ、曹さんは普段ここで読書をしたり、思いにふけったりしているそうです。窓の外を眺めると、遠方には漁船が白いしぶきを上げて海の上を進んでいるところでした。

刺鳥珈琲書店
連江県南竿郷復興村222号

TEL：0933-008125

書店、カフェ、民宿
建築時期：不詳
築年数：約60年
当初の用途：軍事拠点
鑑賞ポイント：迷彩柄の壁、軍事坑道

▲店内にはカフェも併設されている。もともとは閉鎖的だった空間に大きな窓を開け、どの席からも馬祖の海を眺められるようにした。

書斎の脇の細長い階段を下りていくと、かつて軍部が使用していた坑道があります。坑道内はひんやりとしており、岩壁や地面はにじみ出た水で濡れています。坑道の突き当たりには大砲を置いていた空間があり、今は絵画などが掛けられています。

オーナーの曹さんはこれまで県議会議員や県文化局局長などを務めた多彩なキャリアの持ち主で、芹壁集落の修復プロジェクトの推進者でもあります。なぜ店名に「刺鳥珈琲」とつけたのかと尋ねると、「刺鳥」は小説『ソーン・バーズ』(コリーン・マッカラ著／田中融二訳、講談社、1984年)に登場する伝説の鳥で、一生をかけて刺(ソーン)のある木を探し求め、最後にその刺に自らの体を突き刺し、この世で最も美しい声で鳴きながら死んでいくのだそうです。曹さんにとって「刺鳥珈琲」は自分の理念の実践であり、人生最後の戦場なのだと話していました。

離島風情　馬祖　刺鳥珈琲書店

▼書斎脇の細長い階段を下りていくと、かつての軍事坑道がある。

▲オーナーの曹さんが自ら草刈り。

▼坑道の突き当たりの空間。防音のため、壁は波状になっている。天井の丸い模様はトゲ状の防音構造を取り外した跡。

文魚走馬 原 Taipei 吃書喝東西

80年前のモダンが息づく インダストリアルスタイルのカフェ

六七　台北　文魚走馬―原Taipei吃書喝東西

▲階段は灰色の人造大理石。階段に沿って伸びる美しい側板や手すり下に空いた丸い穴などは、80年前のモダンスタイル。

古い街並みが多く残る台北の大同区。都市再開発にともなう取り壊しを控え、重慶北路上にはシャッターが下りたままの店が目立ちますが、その中に一店舗だけ輝きを放っている店があります。デザインスタジオが運営するカフェ「文魚走馬―原Taipei吃書喝東西」です。

文魚走馬
　―原Taipei吃書喝東西
台北市大同区重慶北路二段12号

TEL：02-25555705
営業時間：09:00〜18:00
休日：日、月曜

カフェ、書店、デザイン事務所
建築時期：1930年代
築年数：80余年
当初の用途：住居
鑑賞ポイント：人造大理石の階段、天窓、「詩覓箱」、
　　　　　　機械設備を再利用したインテリア

▲大きな3つの窓が2階の空間に広がりを持たせる。天井から下がるむき出しの電球がインテリアのアクセントに。

オーナーの林文魚さんはアートクリエイター。ここを一目で気に入り、3年後に取り壊されることも承知で、すぐに借りることを決めたそうです。建物は3階建てで、2階の正面部分には4本の洋風付け柱で仕切られた3面の窓。80年前の落成当時、この一帯でとても流行していた様式でした。カフェとしてリノベーションされた1階と2階は、インダストリアルな手触りを残したレトロなスタイル。重厚感たっぷりの人造大理石の階段や、当時は鮮やかな朱色だったと思われる色褪せた手すり、手すり下に開いた丸い穴などは、どれも当時のモダンな空気を感じさせ、林さんが一目惚れしたのもなずけます。

「台湾の近代工業風スタイル」をコンセプトとした店内では、旋盤機の足を利用したテーブル、セメント攪拌機の植木鉢、イカ漁で使われていた電球など、廃棄された設備を再利用したインテリアが目立ちます。2階はゆったりとしたスペースで、前方の3面の窓と奥の天窓から光がたっぷり注ぎ込みます。

真っ先に視線を引きつけるのが、壁にずらりと箱が並ぶ棚。まず、伝えたいメッセージを箱の中に入れて鍵をかけ、その鍵を店員に預けます。鍵と箱には同じ中国の詩が書かれているので、メッセージを受け取る人は、渡された鍵と同じ詩の箱を見つけ、中からメッセージを取り出す……言ってみれば客同士の伝言ボックスのようなものです。「詩覓箱（"詩を見つける箱"）」と名付けられたこれらの箱、実はすべて公衆電話の料金箱を再利用したもの。店内には、こうした趣向を凝らした再利用品があふれています。「完成品」を購入して未来のゴミを生み出すのではなく、資金を廃品改造のために投じるという、林さん率いるデザインチームの一貫したポリシーが反映されているのです。

▼客同士がメッセージをやりとりする「詩覓箱」。それぞれの箱に小さな南京錠がかけられている。

▲2階後方の天窓から真っすぐに注がれる光。時間帯によって光の表情も変化する。

▼カウンター席の照明は、昔の扇風機についていた風量スイッチで明るさを調節する。

　1階の入口わきの壁に、2つの数字があります。デジタル表示の数字は、店の理念と努力に共感できたという来店客の数。ボード式の数字は建物の取り壊しまでのカウントダウン。取り壊しまでの日数が確実に短くなっていく一方で、文魚走馬の理念を評価する数はどんどん増えていっています。建物は都市の再開発によって80年余りの歴史に幕を閉じますが、スタッフの創意工夫と情熱の蓄積は、これからも受け継がれていくのでしょう。

＊2018年11月現在、地域再開発が一旦ストップしたため、店の営業は当面継続する見込み。事前予約で店の再生プロセスなども案内可能とのこと。

▲入口わきの2つの数字。筆者が訪れたときは取り壊しまで残り587日だった。

瓦豆・光田
ワードウ・グァンティエン

祖父との思い出がつまった100年の空間

仏具店と台湾の伝統菓子店の間にある小さな門。そこから階段を上がっていくと、照明デザイン事務所の「瓦豆・光田」があります。1910年に建てられたレトロ建築の2階は、李錫麟さんが開業していた歯科医院でしたが、彼が亡くなった2005年以降は放置されたままになっていました。その後、孫の江佶洋さんが時間をかけて改修。おじいさんが使っていた品々をできるだけ残した、思い出いっぱいの空間になっています。

階段を上りきったところに「民新歯科医院」と書かれた古びた看板と木製の薬棚があります。「この空間を改修しようと思ったのは、祖父への感謝の気持ちを伝え、訪れた人に祖父の精神を感じてもらいたかったから」と江佶洋さん。薬棚の上には李錫麟さんの写真と生前使用していた老眼鏡が置かれ、引き出しには歯の治療に使われていた器具が。ほかにも、すすぎ水の受け鉢を改造した照明や診察台がそのまま残されているなど、江さんの祖父への思いが伝わってきます。

◀棚には祖父の写真と生前使っていた老眼鏡が飾られている。

七三 台北 瓦豆・光田

瓦豆・光田
台北市大同区
延平北路二段169号2階
TEL：02-25538875

照明デザイン事務所（一般開放なし）
建築時期：1910年頃
築年数：約109年
当初の用途：歯科医院
鑑賞ポイント：手書きの看板、医療器具、年代物の家具

しかし、改修工事は困難続きでした。壁は酸化が進み、床もぐらついていて安全面での問題もありました。いっそのこと取り壊して建て直した方が安上がりだという意見もありましたが、それでも江さんは3カ月半の時間をかけ、床とロフト部分を取り壊す大掛かりな工事を決行。途中、レンガが崩れ落ちたり、梁が折れてしまったりするハプニングもありました。改修後、古いロフトを取り壊したことで、空間に高さが出ただけでなく、自然光をより多く取り入れられるようになり、屋根裏に続く階段の踊り場には祖父の診察机を置いた空間も。壁面のレンガ柱には、幾つかレンガが抜き取れるようになっているところがあり、江さんは、もしやお宝の隠し場所では……と思ったそうですが、実はこれ、後々の修繕のための"足場"として、建築当初に意図的に残されたものでした。

▼当時は施工者の足場を確保するために、レンガをいくつか抜き取れるようにしていた。

七五 台北 瓦豆・光田

照明デザイナーのオーナーならではの、ライティングの演出が冴える。

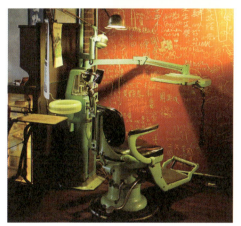

「瓦豆・光田」のある延平北路には、再建や増築を何度も繰り返している建物がたくさんあります。3年前、この旧歯科医院が取り壊され、新しい建物が建ったとしても、きっと誰も気に留めることはなかったでしょう。撤去、再建は確かに時間も費用も抑えられたかもしれません。しかし、江さんが言うように、重機は古い建物といっしょに思い出まで解体してしまうのです。改修という道を選んだ江さんにとって、思い出のつまった場所で仕事ができるのは、何物にも代えがたいことでしょう。

▶引き出しの中には当時の治療器具が。

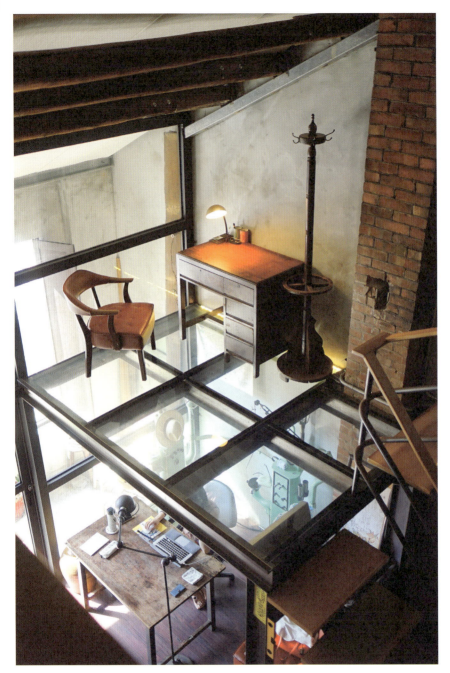

▲事務所のデスク上方を見上げると、階段の踊り場に祖父が使っていた診察机と椅子が置かれている。

七 台北 瓦豆・光田

▲天井に走る木材は水に浸し、乾燥させ、油に浸すという複雑な工程を経たもので、百年以上の歴史がある。

▼事務所はわずか20坪だが、屋根までの高さは5.6m。台北市内のオフィスにしてはかなり快適な環境。

萬華林宅
ワン ファー リン ジャイ
珈琲の香り漂う1930年代の洋風建築

萬華は台北市の西部に位置し、旧称の「艋舺」は先住民族が乗っていた「マンカ」と呼ばれる丸木舟に由来しています。当時は「一府(台南安平)、二鹿(彰化鹿港)、三艋舺(台北萬華)」と呼ばれたほど、萬華は商業が栄えた港町でした。日本統治時代になると、「艋舺」の発音が仏典中の「萬華」と似ていることから、町の万年繁華の願いも込めて「萬華」と呼ばれるようになりました。オフィスや商業施設が建ち並ぶ東の信義エリアとは対照的に、萬華は古い建物が七割を超え、なかには歴史的、芸術的価値のあるレトロ建築も少なくありません。

七九 台北 萬華林宅

▲建物正面の壁面にはレンガに淡いピンク色のタイルが貼られ、その光沢具合からも当時の精密な焼成技術がうかがえる。

ニューヨークの「フラットアイアンビルディング」（V字形の土地に建つ三角形のビル）を彷彿させる「萬華林宅」。奇をてらってこのような三角形の建物にしたのではなく、建築当時、行政の都市計画に合わせ、道路予定地を避けた結果がこの形だったのだそうです。今でこそ高い建物に囲まれていますが、1935年に落成した当時は4階建てはとても珍しく、この一帯では最も高い建物でした。

萬華林宅
台北市萬華区
西園路一段306巷24号

営業時間：1～2階
コーヒーショップ「スターバックス」の営業時間に準ずる
3～4階　月、火、木の
14:00～16:00（現地にて申し込み要）

カフェ、イベントスペース
建築時期：1935年
築年数：84年
当初の用途：住居、倉庫、商店
鑑賞ポイント：入母屋建築の黒瓦の屋根、赤レンガの外壁、透かし彫りの欄干、人造大理石の階段、カニの木彫、壁画、柱の装飾

▼2階は柳の葉の形、3階は菱形、4階屋上はシンプルな直線と、階ごとに欄干の装飾も違う。

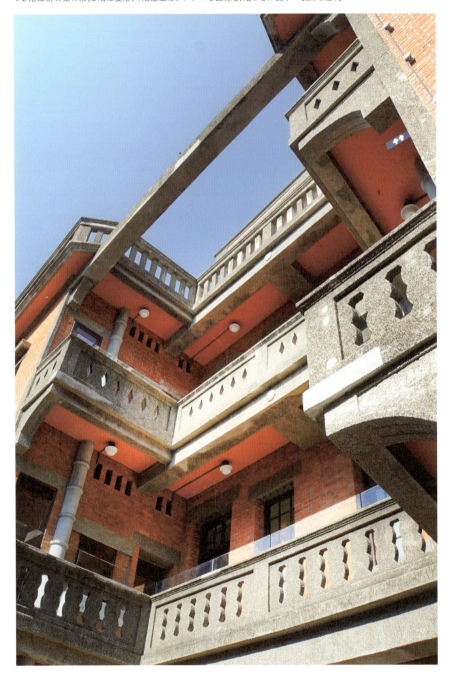

台北 萬華林宅

▲厨房だった空間では、建物の背景や改修の過程、萬華一帯の発展の歴史をテレビ映像で紹介している。

野菜や果物の貿易で財を成した林家一族。現在、有名コーヒーチェーン店が入っている1階には、かつて林家の青果倉庫、客間、食堂がありました。奥の露天席になっている10坪ほどのスペースは、完成当初は池のあるちょっとした庭園でしたが、第二次世界大戦中に食糧を備蓄するため、池を埋め戻して豚小屋に建て替えられました。戦後は増えた家族のために、平屋が建てられたこともあったそうです。2階は林家四兄弟の次男と四男、3階は長男と三男の住居だったところで、今は壁が取り払われていますが、それぞれの居住空間を公平に仕切った跡が今も床に残っています。普段、一般に開放されていない3階の「林家文物展示区」には、先々代から使われてきたさまざまな生活用品が展示されているほか、林家の各時代のモノクロ写真が飾られています。

▲「公媽廳」の軒下に立つ4本の柱のうち、内側の柱はコリント式の柱頭を持つ方柱。外側の柱は中国式の礎盤（柱と地面の間に置かれる台座）、西洋式の柱頭、日本式の洗い出し仕上げの柱身から成る折衷型円柱。

▶柱頭のハトの彫像は、ハトに帰巣本能があるように、一族がいつでも家のために団結することを願ったもの。林家の精神的象徴だ。

先祖を祀る4階の「公媽廳(ゴンマーティヤー)」は、1〜3階の洋風スタイルとはがらっと趣が異なる、間口三間の伝統的な入母屋建築。遠くから見ると、まるで山の頂上に建てられた小さな廟のようです。3階までの建築が南向きなのに対し、公媽廳は東向き。これは、風水的に家族がどんどん増える方角なのだとか。また、室内の梁の両端には、カニの木彫があしらわれています。カニが口から吐く泡はお金がわんさか入ってくること、たくさんの卵は子沢山への願いなど、多くの寓意を持たせた装飾です。

▲側壁の壁画には菊の花とクジャク、もう一方には白鷺と蓮の花が描かれており、描写も構図もまるで水墨画のよう。

普段は開放されていない3階の「林家文物展示区」。木の扉、刺繍、置き時計、手提げかごなど、どれも林家の思い出の品。

台北 萬華林宅

▲1階と2階はコーヒーショップに賃貸。賃貸収入は林家旧宅の維持費に充てられている。

旧宅の改修はもちろん、その後の運営も大きな課題でしたが、1階と2階をコーヒーチェーン店に賃貸し、その収入を建物の維持費に充てることで解決を図りました。一方のコーヒーチェーンも、レトロな雰囲気が味わえる特別な店舗を展開することができます。こうした歴史的建築物のリノベーション手法は珍しくはなくなりましたが、手軽にレトロ建築に親しんでもらうための方法であることは確かでしょう。

辛志平故居
李克承故居

日本統治時代の地方紳士の住まい

新竹中学校の校長宿舎

「辛志平故居」は日本統治時代の新竹中学校の校長宿舎として建てられ、ここで生活した6人の校長のうち、第二次世界大戦後に入居した辛志平校長が40年と最も長く住んでいました。このため「辛志平校長故居」とも呼ばれています。当時は高等官以上の官職でなければ、このような一戸建ての宿舎をあてがわれることはありませんでした。日本様式の建築ではあるものの、高温多湿の台湾の気候に合わせ、縁側に雨押え(あまおさ)(壁と庇(ひさし)の間などに取り付けて雨水の浸入を防ぐ板)を取り付けているほか、高い土台や通気口の設置も湿度の高い環境に対応したものです。

屋内に入ると、玄関には当時の下駄箱がそのまま残されています。洋間造りの応接室には円卓、籐の椅子などがしつらえられ、テーブルの上のトランプカードと棚の上に並んだ優勝カップが、辛校長がブリッジをこよなく愛していたことを物語っています。廊下に沿って畳敷きの座敷と次の間があり、その先は柔らかい光が差し込む茶の間です。書斎には洋式の机と椅子が置かれ、校長が事務や読書の空間として使用していました。辛校長が転居する際に残された家具は少なく、調度品のほとんどが当時の写真を参考に再現されたものです。

辛志平故居
新竹市東門街32号
TEL:03-5220351
営業時間:11:00〜18:00(土日09:00開館)
休日:月曜

記念館
建築時期:1922年
築年数:97年
当初の用途:新竹中学校校長宿舎
鑑賞ポイント:和洋折衷建築、縁側

李克承故居
新竹市勝利路199号
TEL:03-5220352
営業時間:11:00〜18:00(土日09:00開館)
休日:月曜

記念館
建築時期:1943年
築年数:76年
当初の用途:接待用施設、住居
鑑賞ポイント:L字型日本木造建築、黒瓦、「円」をモチーフにした欄間

校長宿舎は歴史的建築に指定されており、辛校長の教育家としての精神と業績を紹介する展示スペースとなっています。一方、その隣に建つ元教職員宿舎はカフェとしてリノベーションされ、ゆったりとした雰囲気が楽しめます。

新竹初の医学博士の旧宅

「李克承故居」は、新竹に住む3人の日本人商店経営者が、関係者を接待する場所として1943年に建てたのが最初です。戦後の1950年に李克承博士に売却されましたが、売買契約書を交わしていなかったことから1957年には新竹市役所の所有となり、李克承夫妻の他界後は、新竹の文化界の交流の場である「西門会館」として使用されました。

▲日本式の黒瓦に茶褐色の下見板。下見板は自然の風化でしっとりとした質感に。

八九 新竹 辛志平故居・李克承故居

◀洋間の円卓や籐の椅子などは、辛家の家族の記憶に基づいて再現されたもの。

▶当時のモノクロ写真をもとに再現された厨房。

▼旧教職員宿舎の飲食スペースでは、日本茶や和菓子が楽しめる。

「辛志平故居」をそのまま縮小させたような建築で、高床構造や防湿対策もあまり変わりありません。違う点といえば、居間の空間を小さくして、廊下と縁側にゆったりしたスペースを取ったところでしょう。また、お金がたくさん入ってくるようにと、室内には「円」の文字をモチーフにした開口部が多く見られるなど、商人たちの交流の場であることを意識して建てられたことがわかります。現在、屋内は展示と飲食サービスを提供する2つのスペースから成っています。

◀防湿性と通気性を高めるため、建物の土台を高くしている。

▲日差しが直接入らないよう、長い軒先と縁側が設けられている。

九一 新竹 辛志平故居・李克承故居

▼展示スペースの家具は当時の写真を参考に配置されている。

「辛志平故居」と「李克承故居」は、2014年に新竹市の古跡としては初めて外部に運営を委託した歴史的建築です。古跡や歴史的建築の活用方法はたくさんありますが、商業利用を排除すれば建築の維持が難しくなり、完全な商業施設にしてしまうと、今度は建築の歴史的価値が損なわれてしまいます。しかし、この2つの旧宅では、両者のバランスをうまく取りながら、故人の精神を伝え、歴史的建築を保存することに成功しているといえるでしょう。

姜阿新洋楼
ジャン アー シン ヤン ロウ

客家の名門の盛衰を伝える瀟洒なお屋敷

新竹県北埔は客家の町として知られています（客家：中国黄河の中流、下流地域から南部に移住した漢民族の一つで、独自の言語と習俗を持つ）。1800年代前半、広東省と福建省の移民が「金広福」という組織を結成し、現在の北埔をはじめとする新竹県の西部一帯を開拓。このうち、北埔で絶大な勢力を誇ったのが広東省出身の客家人、姜秀鑾でした。

九三 新竹 姜阿新洋楼

▲左右対称の建築は重厚感のある構え。

「金広福」が北埔に指揮本部として建てた「金広福公館」（国指定古跡）の隣に、姜一族は伝統的な三合院の邸宅を構え、「天水堂」と名付けました。そして「姜阿新洋楼」は、製茶業や林業などで成功を収めた姜阿新が、その隣に建てた2階建ての洋風建築です。建物の外壁は掻き落とし工法を用いていますが、目地をつけることで、切り出した岩を積み上げたような外観になっています。また、大きさや色合いの異なる小石を使った洗い出しの泥塑など、細部の装飾も実に精美に仕上げられています。例えば2階正面の洋風アーチ窓には、上方に貝殻や巻き草、勲章、プルメリアの花などの装飾があしらわれているほか、窓下の優雅に波打った壁面装飾は、2色の石を用いた洗い出しによるものです。窓の鉄格子は、孫が生まれたときに、安全のため後から取り付けられました。

姜阿新洋楼
新竹県北埔郷北埔街10号

TEL：03-5803586
営業時間：10:00～17:00
休日：月曜

記念館
建築時期：1949年
築年数：70年
当初の用途：住居、銀行の倉庫
鑑賞ポイント：高級木材を使った窓や壁面の木彫、
　　　　　　　コウモリをモチーフにした木彫の手すり、
　　　　　　　如意形のアーチ、亀甲文様の天井

屋内の窓まわりの装飾や壁面装飾も見どころの一つです。林業も営んでいた姜氏にとって、各種木材を手に入れることなど容易だったのでしょう。ヒノキやクスノキ、ケヤキなどの高級木材をふんだんに使い、窓上の装飾板には精緻な彫刻を施し、窓にはさまざまなパターンの飾り格子を添えています。また、新竹はガラスの生産が盛んだったため、すべての部屋のドア、窓、さらには部屋を隔てる壁にもガラスがはめ込まれ、ガラス窓や扉は屋敷全体で100以上を数えます。2階へ上がる二つの階段は、一つは家族や使用人が使うモザイクタイルの階段、もう一つは客人用の踊り場付きの木造折れ階段。2階正面のバルコニーは、外壁の装飾を鑑賞する絶好のポイントです。

▲2階の窓の上には洗い出しによる貝殻や巻き草、勲章、プルメリアなどの装飾。

九五 新竹 姜阿新洋楼

▲大広間と応接室の間にはオガタマノキを使った間仕切り。宴会などを催すときは収納し、2つの空間をひとつなぎの大きなスペースにした。

何もかも順調だった姜阿新でしたが、1965年に会社が倒産。屋敷は金融機関に差し押さえられ、一家は台北へ移り住みました。しかし、すべてを失っても、姜一族は「有益な本を読み、仁義の事を行う」という家訓を忘れず、忍耐強い客家人の気質を発揮しながら、一人ひとりが活躍の場を切り開いていきました。そして「姜阿新洋楼」が競売にかけられることになると、屋敷はついに半世紀ぶりに一族によって取り戻されました。将来は「姜阿新記念館」として一般に開放される予定ですが、美しいレトロ建築や姜阿新の数奇な生涯だけでなく、一族の子孫らが力を合わせて洋楼を買い戻したエピソードにもぜひ耳を傾けてください。

◀窓の飾り格子や周囲の木彫り装飾は、ひとつひとつ異なる。職人の技をじっくり鑑賞したい。

▲重厚な焦げ茶の木材とアイスブルーの壁面のコントラストが美しい。

▲屋内外に使用されているガラス窓は100枚以上、窓の飾り格子のパターンも50、60種類ある。

九七 新竹 姜阿新洋楼

▲コウモリをモチーフにした木彫の手すり、如意形(両端から中央に向かって巻いた形)のアーチ、亀甲文様の天井装飾は、どれも長寿を象徴。

▼木造(左)とタイル(右)の、材質の異なる階段。

設治紀念館

和風庭園の中に佇む 歴代宜蘭庁長の端正な公邸

　台湾の北東部に位置する宜蘭県宜蘭市。日本の統治下にあった1904年、政府は市区改正計画により城壁を取り払い、現在の旧城東、西、南、北路を整備し、南門エリアに庁舎や官舎を多く建設しました。当時、官舎は14棟あったそうですが、現在残されているのは「宜蘭設治紀年林園」内の旧宜蘭庁庶務課長宿舎、旧農学校校長宿舎を改修した「宜蘭文学館」、そして「宜蘭設治紀念館」の3棟のみです。

宜蘭 設治紀念館

▲建物を取り囲む大きな和風庭園。枯山水の白砂が木造建築の美しさを引き立てる。

「宜蘭設治紀念館」の前身は宜蘭庁長の公邸で、1900年に初代庁長の西郷菊次郎（西郷隆盛の長男）により建てられました。6年の歳月を費やして完成した公邸は、木造を基本とした和洋折衷様式。800坪の敷地のうち庭園が9割近くを占め、L字型の縁側に囲まれた枯山水の庭園が、心の静けさを取り戻してくれるかのようです。

木造建築は湿度に弱いため、外壁は雨水の浸透を防ぐ下見板張り、窓には雨戸や雨戸を収納する戸袋などが設置されています。建材には地元の太平山から切り出されたヒノキが多く使われ、屋内に入るとたちまちヒノキの香りに包まれます。内部はとても開放的で、ほぼどの部屋からも風雅な庭園の景色を見ることができます。一方、和風建築と鮮明な対比を成す洋館は、当時は来客を通す応接室として使われていました。

設治紀念館
宜蘭市旧城南路力行3巷3号
TEL：03-9326664
営業時間：09:00〜17:00
休日：月曜

資料館
建築時期：1906年
築年数：113年
当初の用途：宜蘭庁長官舎
鑑賞ポイント：日本式庭園、枯山水、
　　　　　　天井装飾の桜の木彫

▲外壁は下見板張りを採用。板を少しずつ重ねて張ることで雨水を下へと流し、雨水の浸透を防ぐ。

▲玄関の丸窓に切り取られた室内。

▲幅広い縁側と大きな窓が、開放的で風通しの良い空間を作り出している。

101　宜蘭　設治紀念館

▶外部に接した窓や引き戸には戸袋が設置されている。

◀賓客をもてなす洋館。厚い壁と縦長の上げ下げ窓が、和風木造建築と対照的だ。

▲隣の宜蘭文学館ではお茶が飲めるスペースもあり、ここから設治紀念館を違う角度から眺められる。

実は3棟の官舎が保存されることになったのには、あるエピソードがあります。敷地内の庭園には、官舎の建設当初から植えられていたと思われる大きなクスノキが、今も葉を茂らせています。2000年、宜蘭県の県庁が南に移転するのに伴い、旧官舎が建つ一帯は住宅地や商業地として再開発されることになり、このクスノキの大木を保存するか、撤去するかの議論が巻き起こりました。最終的に老樹は保存されることになり、これとともに撤去されるはずだった3棟の旧官舎も残されることになったのです。官舎の住人が育ててきた老樹が、最後には官舎を救ったというわけです。

その後、庁長公邸は設治紀念館として整備されますが、歴代20数人の首長の官邸として使用されてきたため、内部の構造が建設当初から大きく変わってしまっていました。そこで専門家や学者の協力を得て、現在の美しい和洋折衷の建築と禅の趣にあふれる日本式庭園が復元されたということです。旧農学校校長宿舎を前身とする「宜蘭文学館」は、現在は茶館になっており、縁側のガラス窓越しに設治紀念館を違う角度から楽しむことができます。

▼天井は木材を菱形に組み、中央に木彫の桜を添えている。

阿之宝
アージーバオ
花蓮の文化発信地

台湾東部の花蓮市中山路に建つ白い3階建てのブロック建築、それが「阿之宝」です。日本統治時代、中山路は「黒金通り」と呼ばれ、旧花蓮駅が移転してしまう1981年までは鉄道、道路、港が集まる交通の要所だったため、旅館や飲み屋、銀行などが立ち並ぶ花蓮随一の繁華街でした。駅が移転して以降は、しばらくひっそりとしていましたが、2013年に阿之宝がオープンしてからは、地元や観光客の人気を博し、街に再び活気がよみがえりました。

一〇五　花蓮　阿之宝

阿之宝は、オーナーの秀美（ショウメイ）さんが台湾の優れたブランドや商品、講座を店に誘致し、地元花蓮のカルチャーを盛り上げようと2006年に立ち上げたものです。もとの店舗が手狭になり、2013年に中山路に移転した当初は、台湾各地の食材販売、若者のオリジナルブランドを中心とした創作雑貨店、レストランといった複合ショップを運営。また、不定期に展覧会も行い、なかでも世界のマスキングテープを紹介した2015年開催の展覧は、若者たちの大きな反響を呼びました。現在はすべてのショップをたたみ、エディトリアル・デザインのスタジオとして運営しています。

▼ショップを運営していた当時、1階「玩味館」は台湾各地から集めた調味料、2階「手創館」では布製品、文房具、日用品などを販売。

阿之宝が入居する建物は、戦後に建てられた60年以上のブロック建築。近代建築の直線的なデザインが特徴的で、ちょうど角地に建っているためファサードは3面。内部は3階の一部の床を取り外し、2階から見上げると直接屋根裏の鉄骨が見えるようになっています。これは3階の床を支える梁や柱が傷んでしまっていたため、荷重を減らすために採った苦肉の策でしたが、図らずもこの建物のユニークな見どころとなりました。

阿之宝
花蓮市中山路48号

TEL：03-8356913

デザイン事務所（一般開放なし）
建築時期：1951年
築年数：68年
当初の用途：事務所、新聞社の営業所
鑑賞ポイント：3階の扇形の床梁、外壁の看板文字

実は秀美（ショウメイ）さん、この改修工事の中で50年前の文書を発見したのですが、そこからたどり着いたのは驚くべき偶然でした。1899年、実業家の賀田金三郎[*1]が、阿之宝の現所在地に銅瓦のマンサード屋根[*2]と美しい窓を備えた2階建ての建築を建設。ここに「賀田組花蓮事務所」を置き、製糖事業や運輸事業などの拠点としました。その後、建物は1922年に賀田組から荒井太治に譲渡され「朝日組」に改称。終戦後に日本人が引き払うと、今度は更生日報の営業所となりますが、1951年の花蓮大地震で建物は全壊してしまいます。更生日報は同じ場所に現在の3階建てのブロック建築を建て、地元の陳樹明さんが購入し所有者となりました。陳さんはここで通関代行会社の「七海行」と運輸会社の「安隆運輸公司」を経営していたほか、花蓮県の元県議会議長の葉祐庚さんとも「裕豊農産公司」を共同経営していました。

[*1] 賀田金三郎……山口県出身の実業家で、明治・大正期の台湾で活躍。
[*2] マンサード屋根……屋根の様式の一つ。屋根の勾配が二段階になっており、上方は緩やかで、下方は急な勾配になっている。

秀美（ショウメイ）さんは50年前の文書から葉祐庚さんの印章を発見。そしてこの葉祐庚さんが、なんと秀美（ショウメイ）さんのご主人の母方の祖父だったのです。まさかたまたま気に入った店舗で、義理の祖父と関係するものを見つけるなど思いも寄らないことでした。文書を見つけていなければ、こんな偶然にもきっと気づかずにいたのでしょうね。

◀客の出入りが多かったため、木の扉の下方に銅板を取り付け損傷から扉を守っていた。

一〇七　花蓮　阿之宝

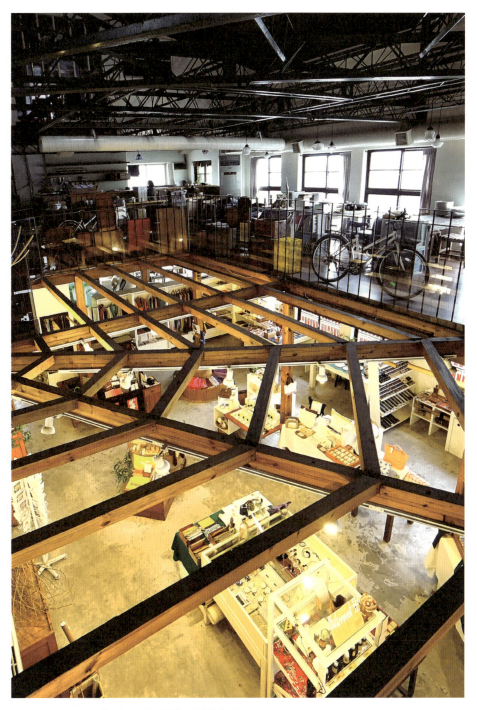

▲2階から見上げると、3階の床梁の間から屋根の鉄骨構造が見える。

ショップ経営から撤退したあとはエディトリアル・デザインにシフト。伝統的な活字印刷技術に力を入れる。

▼2階に続く階段の美しい鉄製の欄干。

▲掲示板に貼られた昔の手紙や新聞の切り抜き。建物がそれぞれの時代に残した輝かしい時間の断片だ。

一〇九　花蓮　阿之宝

表の壁には今でも以前の会社名「七海行」と「安隆運輸公司」の看板文字が残っている。

北部・東部で見つけた「老屋顔」いろいろ

新竹

▲曲線を枝葉、格子部分を花びらに見立てた洗練されたデザイン。

新竹

▲富士山を上下対称に重ねたような「寿」の字は「長寿」、花瓶は「平安」、円の中にダイヤの形をはめ込んだ貨幣は「お金」、3つ合わせて「福禄寿」。

基隆

◀灰色の鉄格子の中心に赤い円。その中に会社名「大同」の2文字が隠されている。

コラム　北部・東部で見つけた「老屋顔」いろいろ

▼なぜギターの形なのかと尋ねると、「父が建てた家だからよくわからない。どこもこんなもんじゃない?」とオーナー。「いえいえ、とてもユニークですよ」「そうなの?(隣の家の鉄格子と見比べて)本当だ……言われなきゃ気づかなかったよ」

新竹

台北

▲都会では自然に触れる機会も少ないが、人造大理石の花びらがアーケードの通路に華やかさを添えている。

台北

◀旧正月には対聯(めでたい対句を赤い紙に書いて門の両側に貼ったもの)を貼る習慣がある。鉄格子にしてしまえば破れる心配もない。

新竹

◀歯科クリニックの窓に泳ぐ魚。子供のお絵かきのような可愛らしい造形。

花蓮

▶建物の外観が同じでも、それぞれの家が飾り格子に独自の文字や図案を盛り込んで楽しいアクセントに。

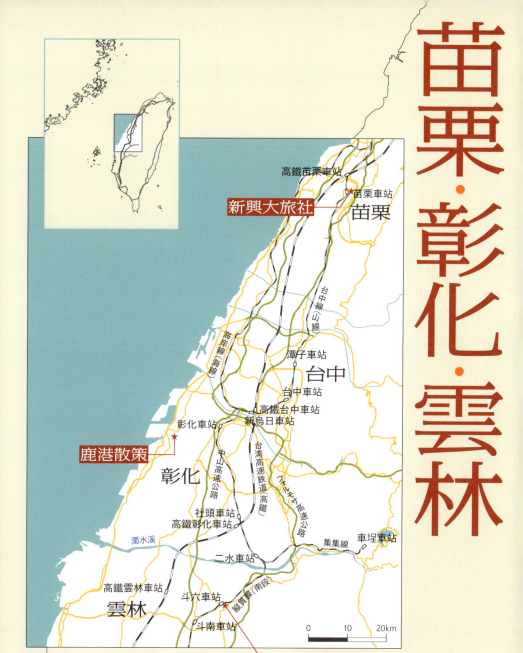

新興大旅社
シンシンダーリューシェー

雑貨屋から転身 おもてなしの心あふれるレトロ旅館

一二五　苗栗　新興大旅社

▲4階建ての旅館に建て替えられる前は、間口三間、木造平屋建ての雑貨店だった。

「新興大旅社」はもともと平屋の雑貨店でした。駅に近く、当時は周辺の旅館が満室になってしまうと、雑貨店に一晩泊めてほしいという客がよくいたので、先々代が思い切って雑貨店から旅館に建て替えたのが始まりです。

旅館の建設に先立ち、先々代夫婦は台湾各地の旅館を見て回り、最新で快適な旅館づくりの参考にしました。例えば正面外壁のピンクと緑のモザイクタイルは、1950年完成当時に流行していた建材です。旅館内の幅のある階段は、緑とオレンジの人造大理石。手すり部分は台湾のレトロ建築によくある赤いビニール素材、手すり子には「鉄窓花」（窓の外に取り付ける鉄製の飾り格子）と同じ材質と手法が応用されています。吹き抜けも先々代がいろいろな宿を参考に取り入れた構造。建物内の空気の流れをよくするために設けられたもので、まわりの柵や床部分にもさまざまなパターンの飾り格子が使われています。

新興大旅社
苗栗市建国街3号

TEL：03-7260133
営業時間：07:00〜22:00

旅館、カフェ
建築時期：1950年
築年数：69年
当初の用途：雑貨店、旅館
鑑賞ポイント：人造大理石の床や階段、カラフルなアクリル板の扉、吹き抜け、「棉被花」（布団の花）、レトロな調度品

1階のカラフルなアクリル板の扉の向こうは、3代目になって併設したカフェ。経営者の自宅リビングだったところを改築し、窓のレースカーテンには昔の舶来品を使い、カウンター前の「老地方」の文字プレートも、30年前に経営していたかき氷店「老地方氷果室」の看板の一部を再利用したもの。このほかにも、旅館には旧式の電話機や扇風機、革張りのソファー、客室内のタイル壁やモザイクタイルの浴槽、布団で花や鳥の形を作る「棉被花」（"布団の花"の意）など、至るところに開業当初から続くレトロなディテールと出会えます。

「新興大旅社」は2011年に台湾観光局より「台湾幸福旅館トップ10」に選ばれたほか、2015年には「借問站」（まちかど観光案内所）に認定されました。これらの栄誉は新しく変わることで得たのではなく、3代のオーナーが60年にわたって受け継いできた、真心と温かなおもてなしの賜物といえるでしょう。

▼「鉄窓花」のようなデザインと材質の手すり。上の部分はひと昔前の台湾建築によく見られた赤いビニール素材。

▼開業当時は大荷物を抱えた家族連れの商人が多かったため、上りやすいようにと初代オーナーが広めの階段を作った。

一一七　苗栗　新興大旅社

▶モザイクタイルの浴槽は年季ものだが、よく手入れされ新品のよう。

▼廊下には昔の電話機や家具などが置かれ、レトロ感満載。

▲ベッドの上には、「棉被花」と呼ばれる布団で作られた花や鳥が飾られている。

▶3代目が旅館の隣に併設したカフェの「THE SPOT COFFEE」。

一二八

鹿港散策
ルーガン
ノスタルジックな老街で見つけた小さな宿とお店

　その昔、彰化県の鹿港鎮は安平(台南)、艋舺(台北)と並ぶ、台湾三大港町として栄えた歴史のある町です。清朝時代には、商店が軒を連ねる「五福大街」(今の中山路)が現れました。日本統治時代に一部の店舗が取り壊されると、今度は洋風建築が新たに建てられ、そのほとんどが1階に設置が義務づけられていた「亭仔脚」(奥へ引っ込んだ1階部分がアーケード状になった建築構造)と、2階に窓が3つ並んだ建築様式でした。今、こうしたレトロ建築が次々と建て替えられ、鹿港の町から昔ながらの建物が姿を消そうとしていますが、地元愛にあふれた「鹿港人」たちが、展覧会やアートイベントなどを通して、鹿港の魅力を発信し続けています。

マンガー
ディナァカー

▼「書集喜室」の正面は洋風だが、内部の構造は福建南部の様式になっている。

小艾人文工坊背包客桟——
レトロなバックパッカー宿

▲日本統治時代の区画整理で真っすぐな道路が敷かれると、道の両側には装飾性に富んだ洋風建築が立ち並ぶようになった。

中山路と平行に走る埔頭街や瑤林街一帯には、清の時代に建てられた福建泉州様式の赤レンガ建築が保存されています。ここは台湾初の「古跡保存区」であり、有名な「鹿港老街」（老街:古い建築が残る旧市街）を形成しています。この近くにある「小艾人文工坊背包客桟」は、最高のロケーションと宿泊費の安さから、国内外のバックパッカーにとても人気の宿です。

鹿港出身のオーナー許書基さんは、古い建築が商業目的で急速に取り壊されている鹿港の現状を憂い、向こう20年間で100棟のレトロ建築を救済する大きな目標を立てています。放置状態の古い建築を改修し、これまで「桂花巷人文茶館」（飲食店）、「茉莉人文環境教育中心」（イベントスペース）、「小艾人文工坊背包客桟」としてリノベーション。どれも花の名前を冠しているのは許さんのこだわりです。

小艾人文工坊背包客桟 彰化県鹿港鎮後車巷46号 TEL:0973-365-274	展示・イベントスペース、ホステル 建築時期:不詳 築年数:約100年 鑑賞ポイント:100年前の木造階段、鉄窓花で作られた本棚とハンガー、ベッドをリサイクルしたテーブル
書集喜室 彰化県鹿港鎮杉行街20号 営業時間:11:00～17:30 （月、火曜休み）	個人書店、カフェ 建築時期:1931年 築年数:88年 鑑賞ポイント:洋風ファサード、福建様式の内部構造、吹き抜け、井戸
萊児費可唱片行 彰化県鹿港鎮杉行街29号	展示・イベントスペース 建築時期:不詳 鑑賞ポイント:特色あるレコード、防空壕

「小艾人文工坊背包客桟」の外観はすでに現代の戸建てに改築されていますが、中に入ると木造の天井が古めかしさを漂わせています。1階前方はラウンジになっていて、革張りのソファーや使えるかもわからないレトロな家電が置かれ、壁には手作りの木棚に雑貨がディスプレイされています。

▼上：レトロ感あふれるラウンジ

▼下：階段わきの黒板には、鹿港の歴史的スポットの名前が付けられたベッドに、その日の宿泊者の名前が。

狭い階段を上がると2階に客室があります。階段わきに、各ベッドとその日の宿泊客の名前が書かれた黒板があり、ベッドには鹿港の歴史スポットの地名にちなんだ名前が付いています。寝るだけの小さな空間ながら、電気スタンドやコンセントなど設備は十分。不定期に開催される鹿港ナイトツアーも、観光では味わえない真の「昔の鹿港」に出会えるイベントとして人気を集めています。

▼使わなくなった「鉄窓花」を本のディスプレイに使うというアイデアが面白い。

▲吹き抜けは福建泉州様式。本棚や柱は、改修工事で取り外された木材を再利用して作られた。

書集喜室——鹿港初の個人書店
（シュージー シーシュー）

龍山寺にほど近い杉行街は、はるか清の時代は賑やかな通りでしたが、今は民家が並ぶ閑静な住宅街になっています。その通りに建つ「書集喜室」は、1931年に建てられた建物をリノベーションしたもので、正面は洋式、内部の構造は福建様式と、台湾の多文化を反映した折衷型です。店内に踏み入れると、足元には六角形の赤タイル、頭上には鹿港のレトロ建築に多い、採光と通風のための吹き抜けがあり、手作りの本棚にはオーナーが自ら選んだ本がぎっしり並んでいます。店内ではドリンクも提供しており、1階の奥の部屋や2階の席で、本を読みながらゆったりとした時間を過ごすことができます。

▲倉庫だった場所をキッチンに改築。料理をしながら友人や家族との会話を楽しめる。[オーナーの住居部分]

オーナーの黄志宏さんはレトロ建築好きの歴史学者。この建物を一目で気に入って購入し、最初は自宅用のつもりで改修を進めていました。改修工事は、2階の床部分と吹き抜け構造を耐荷重建材で再建したほか、裏手の倉庫をアイランドキッチンに改修。取り外された木材は処分せず、すべて屋内の柱や本棚に再利用しました。しかし、工事を進めるなかで、ふとした思いから、一部を本屋として開放しようと決心。きっかけは、鹿港の古い建物が次々と取り壊されていくのを目の当たりにしたことでした。黄さんは、もしここが古建築再利用の良き事例となれば、鹿港の古い建築にも多くの選択とチャンスが生まれるのではないかと考えたのだそうです。

▲2階の一角には古い藤の家具。緑と青の壁が思いがけず建築にマッチ。

莱児費可唱片行──レコードを売らないレコード店
<small>ライアールフェイカーチャンピェンハン</small>

杉行街の細い通りをさらに進んでいくと、歩道のレンガタイルと建物の壁のタイルが一続きになっているところにやってきます。空き家と思われるその建物は、瓦屋根は崩れ、窓からはつる植物が伸び放題。そんな廃屋の隣に、控えめにたたずんでいるのがレコード店の「莱児費可唱片行」です。

百年近く経つであろう建物は、前方がレコード店、後方が展覧スペースの小さな店舗。赤いレンガタイルの床に、木の板を渡したところがあります。オーナーのジョンさんによると、神棚が置かれていた場所だそうで、板を外してみてびっくり。なんと下に防空壕がありました。実際に使われたかは定かではありませんが、今ではこの店の見どころの一つになっています。

「菜児費可唱片行」の手前はレコード店、奥は展示やイベントのスペースになっている。

実はここ、レコード店といってもレコードは売っていません。陳列棚にはレコードジャケットが並んでいますが、中にはレコードは入っていません。店内で流れている音楽も、回っているレコードプレイヤーから再生されているものではありません。実はジョンさんの本業はフォトグラファー。ジャケットはすべて彼の作品なのです。このため、「試聴」を希望すると、ジョンさんがジャケットにまつわる物語を聞かせてくれます。そう、ここではジャケットの存在とデザインは、創作の理念を伝える媒体でしかないのです。ぜひ1枚手に取って「試聴」してみてください。ジョンさんが、心を込めてじっくりと「語り聞かせ」てくれるでしょう。

▲店内はたくさんのアルバムが展示されているが、どれも1枚限り、しかもすべて非売品。

▶木の板を外すと、なんと地下には防空壕があった。

太平老街
斗六行啓記念館
老屋町

日本統治時代の象徴ともいえる街路が圧巻

斗六市は、雲林で最も早くから開発された地域の一つです。記録によれば、ここで生活していた先住民は、獲物を捕獲すると「Dau Lac Mon」と声を上げて喜び、その発音から「斗六門（台湾語）」、後に「門」だけが抜け落ちて「斗六」という地名が付いたそうです。

一二七　雲林　太平老街・斗六行啓記念館・老屋町

▲左：付け柱を「対聯」（めでたい対句を赤い紙に書いて門の両側に貼ったもの）に見立て、柱に句が刻まれている。

▲右：2人の子どもが時計を掲げた装飾。時計は時間を守ること、子どもは子沢山を象徴。

太平老街

太平老街が清代のころに形成された当初は、主に日干しレンガを建材とし、屋根は瓦葺きでした。1927年の「市区改正」（明治から大正時代にかけて行われた都市計画）で南の一部の民家が取り壊されると、真っすぐに伸びた道の両側に騎楼（チーロウ）（奥に引っ込んだ1階部分がアーケード状の歩道になった建築構造）、レンガと洗い出しの壁、泥塑装飾を備えた画一的な建築が建てられ、日本統治時代を象徴するような町並みが形成されていきました。

太平老街
雲林県斗六市太平路

建築時期：19世紀末
築年数：100年超
鑑賞ポイント：バロック風やアールデコ風の建築、泥塑装飾、「対聯」に見立てた付け柱、女児牆の華やかな装飾

斗六行啓記念館
雲林県斗六市府前街101号
TEL：05-5362290
営業時間：水〜金 14:00〜22:00、
　　　　　土日 09:00〜22:00
　　　（月、火曜休館）

記念館、集会場、展示・イベントスペース
建築時期：1926年
築年数：93年
当初の用途：事務所、スーパーマーケット
鑑賞ポイント：赤レンガと黒瓦の建築

老屋町
雲林県斗六市城頂街146-1号

TEL：05-5321775

ホステル
建築時期：1958年
築年数：61年
当初の用途：住居
鑑賞ポイント：小石模様の型板ガラス、ヒノキの家具、
　　　　　　　骨董家具（鏡台、寝台など）

全長600mの通りに90戸近くが並び、どれも同じように見える正面のつくりですが、明治、大正、昭和の各時期に改修が行われたため、バロック風とアールデコ風の様式が入り混じっているのがわかります。柱は洗い出しかレンガ張りの表面仕上げ、柱の上に乗った装飾帯はいわゆる看板部分で、洗い出しと半立体のセメントで屋号がかたどられています。さらに視線を上に移動させると、どの建物にも細長い窓が3つ並びます。そして最大の見どころは、なんといっても最上部に設けられた装飾壁「女児牆(ニューアールチャン)」でしょう。名字の漢字一文字や西洋風の草花、縁起のよい動物、幾何学模様のほか、2人の子どもが時計を掲げ持ったデザインなどは、ここでしか見られない大変ユニークなものです。

漢字や草花、動物、幾何学模様など豊かな装飾が施された"女児牆(ニューアールチャン)"は最大の特徴。

雲林　太平老街・斗六行啓記念館・老屋町

▲記念館はレンガと木造を組み合わせた構造。レンガはオランダ積み。

▲右手の鉄製らせん階段と2階の通路は、1970年代に入居していたスーパーマーケットが取り付けたもの。

斗六行啓記念館

皇后や皇太子が外出することを「行啓(ぎょうけい)」といいます。「斗六行啓記念館」は、1923年に当時の裕仁皇太子が台湾を訪れたことを記念して建てられ、1926年に落成しました。当初は自治体の事務所や、集会や講演の会場として使われていましたが、終戦後は下水道会社、道路監理機関、軍公教福利中心(軍人・公務員・教員向けのスーパーマーケット)などに賃貸されました。建物の由来を知る人は少なく、今でも「福利中心」と呼ばれることも。「921大地震」(1999年9月21日に発生した台湾中部を震源とする大地震)や火災などに見舞われ、一度は大きく損壊してしまいましたが、修繕を経て、現在はイベントや展示スペースとして利用されています。

老屋町

「老屋町」はレトロ建築をリノベーションした民宿で、隣でショップを経営する関有仁さんが、この建物に興味を持ったのが始まりでした。客室には、昔の主が使用していた鏡台や台湾の伝統的な寝台"紅眠床"がそのまま置かれ、ベッドには地元の布団屋の手作りの布団と枕が使われています。応接間や神棚の部屋の家具からも、かつての主人の好みや趣向をうかがうことができます。経営者の関さんは太平街発展協会の理事長も兼任していて、地域の復興に取り組んできました。「老屋町」にも、斗六にやってきた旅行者たちが足を休めたり、この街をじっくり見て回るための拠点になればという関さんの願いが込められています。

雲林 太平老街・斗六行啓記念館・老屋町

実際に使われていた家具が当時の生活感を醸し出している。カラフルな壁との取り合わせも面白い。

ぬくもりを感じさせる古い鏡台や食器棚。

中部で見つけた「老屋顔」いろいろ

彰化

▲空には星とお月様。白波が砂浜に打ち寄せ、小さな島にヤシの木が揺れる……3階の窓に広がる南国の夜。

苗栗

▲紅葉に付いた赤い錆びが、秋の到来に色づいたかのよう。

▼五線譜の上で踊る音符たち。見ているだけで音楽が聞こえてきそう。

台中

一三三　コラム　中部で見つけた「老屋顔」いろいろ

▲夜空のもと、親孝行を象徴する「羔羊跪乳」（ヤギの赤ちゃんが跪いてお乳を飲む）の絵柄。　台中

台中　▲縦長のすっきりとした窓に、山頂から光を放つ朝日が昇っていく。

彰化　▲田中老街の雑貨店の床に咲くバラの花。50年以上経った今も色鮮やかだ。

彰化　◀小西の路地で見つけたキジバトの飾り格子。まるでこの家を守っているかのよう。

苗栗　▶桑の葉をむしゃむしゃと食べる2匹のカイコ。胸脚と腹脚が泥塑でリアルに表現されている。

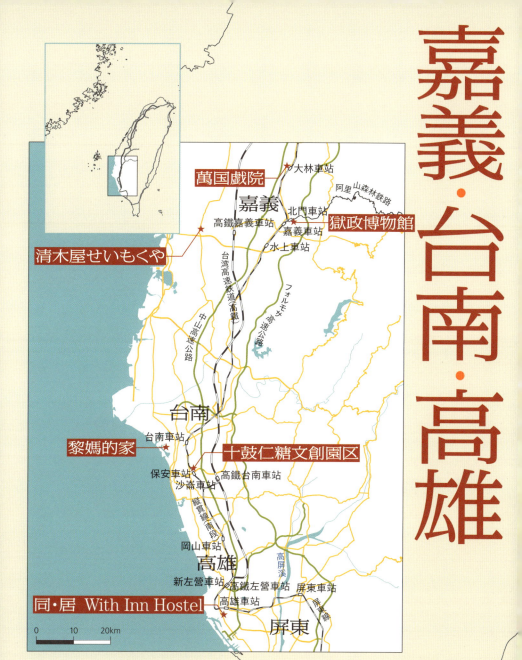

萬国戯院
ワングォーシーユァン

映画愛と郷土への思いによって復活した映画館

萬国戯院が位置する嘉義県大林鎮は、日本統治時代は製糖工場が置かれ、産業鉄道が敷かれたほか、日本海軍がここに飛行場を建設したことから、早くから発展していました。戦後、近くの軍事基地に大量の軍人が駐屯するようになると、町には映画館や酒場などの娯楽施設が次々と現れました。萬国戯院は1968年に落成し、大林鎮に5つあった映画館の一つでしたが、20年で休業。大火災で木造の屋根が焼け落ちたこともありました。その後、カラオケボックス業者に賃貸され、幕や舞台などが取り外されると、映画館としての面影は完全に失われてしまいました。

一三七　嘉義　萬国戯院

▲再現された半円形のチケット売り場と復刻版ポスター。古い映画館の再建はここから始まった。

現オーナーの江明赫さんは生まれも育ちも大林鎮。幼いころから映画が大好きで、軍隊ものの映画の影響を受けて職業軍人にまでなったほど。そんな江さんが、製糖業の没落や駐屯地の移転ですっかり寂れてしまった大林鎮に活気を取り戻そうと立ち上がったとき、最初に着手したのが、地元の人々の共通の思い出の場である萬国戯院の再建でした。

まずは半円形のチケット売り場を作り直し、映画館の表には昔の映画ポスターも貼りました。しかし、国からの補助で消防設備の設置や屋内の簡単な修繕は行ったものの、やはり最大の問題は資金不足。そこで江さんは、萬国戯院をテレビドラマのロケ地として売り込み、大道具チームの力を借りて映画館を建て直すことに成功したのです。今では木造の舞台、昔ながらの売店、3列に並んだベンチ、昔のスローガンや万国旗など、レトロ感あふれる映画館がリアルに再現されています。こうした江さんの熱心な取り組みに、最初は冷ややかな態度だった地元住民も心を動かされたようでした。

萬国戯院
嘉義県大林鎮平和街21-7号
TEL：0952-251234

映画館、展示・イベントスペース
建築時期：1968年
築年数：51年
当初の用途：映画館、カラオケボックス
鑑賞ポイント：昔のチケット売り場、
　　　　　　　映画の復刻版ポスター、
　　　　　　　旧映画館で使われていた設備

▲3列に並んだベンチ、ライトに照らされたスローガンや万国旗。映画館には1940年代のムードが漂う。

萬国戯院の右手の建物には、江さんのもう一つの秘密基地「走豬書房」があります。まだ正式に営業されていませんが、台湾の映画やドラマを通して、かつての古き良き時代を紹介していく予定だそうです。ちなみに「走豬」とは逃げ回るイノシシのこと。その昔、大林鎮の「鹿掘溝」と呼ばれる一帯には、シカやイノシシが出没していました。約400年前、台湾に上陸したオランダ人が小船で大林までやってきたとき、驚いて逃げ回るイノシシを目にして、この地を「走豬港」と名付けたということです。

◀「今日放映」(本日上映)の掲示板には1960年代の台湾映画『小鎮回春』の復刻版ポスター。

大林を広く知ってもらおうと、江さんは友人とともに大林のミニツアーも主催しています。申し込み不要、完全無料のツアーですが、どれも江さんたちが厳選したスポットばかり。このうち、古い通りに建つ眼鏡屋と漢方薬店には、昔ながらの調度品や人造大理石の床など、古い建築ならではの見どころがたくさんあります。経営者はそれぞれ2代目と3代目で、江さんと同じく、郷土愛から家業を受け継いだ若者たちです。地元の人々が故郷を見つめ直し、故郷を大切に思う気持ちがあればこそ、外部の人にも魅力を伝えることができるのでしょう。

▶「走豬書房」の蛍光色の看板は、国宝級の絵師－陳明山氏の作品。

◀映画館の小部屋には、大林出身の著名人を描いた手描き看板が並ぶ。

獄政博物館
ユージェンボーウーグァン

台湾で唯一現存する「ペンシルバニア式」旧刑務所

嘉義に位置する「獄政博物館」は、日本統治時代の刑務所「台湾嘉義監獄」を前身としています。受刑者収監という役目を終えた後も、地元住民のマイナスイメージを払拭できず、一度は再開発すべきという意見が大勢を占めました。しかし、当局と民間団体の積極的な働きかけにより、旧刑務所は2002年に嘉義市指定の古跡、その3年後には国が指定する古跡に昇格。2011年には「獄政博物館」として開放されるに至りました。

嘉義 獄政博物館

建設当時、日本が西洋の近代的な収監制度に倣おうと参考にしたのが、米イースタン刑務所の「ペンシルバニア式」でした。中軸線上に正門、前庭、中央監視台があり、その先に収容棟を放射線状に配置するというものです。台湾各地の刑務所でも同じ建築様式が取り入れられましたが、現存するのはここ「獄政博物館」だけです。

博物館入り口の白壁の門楼は、1930年の震災後にレンガ造りから再建されたもので、左右の有刺鉄線や灰色の壁と強烈な対比を成しています。門をくぐった右側の平屋は当時の接見室で、中には人造大理石の腰掛け、飾り格子が取り付けられたガラス窓、そしてダイヤルのない旧式の電話が置かれています。中軸線に戻って建物に入ると、右手に刑務所の文物展示スペース、左手に典獄長(刑務所長)室があり、そして前方に舎房を監視する「中央台」が見えてきます。

▲刑務所の厳粛なムードを和らげるため、壁には脱獄しようとする囚人の人形が。

▶阿里山から近いこともあり、正面門楼の窓枠やアーチ型の扉をはじめ、建材には阿里山から切り出されたヒノキが多く使われている。

獄政博物館
嘉義市東区維新路140号

TEL：05-2789242
定時ガイド：09:30、10:30、13:30、14:30（月曜休み）

国家指定古跡、博物館
建築時期：1922年
築年数：97年
当初の用途：刑務所（台南刑務所嘉義支所、台湾嘉義監獄、台湾嘉義監獄嘉義分監）
鑑賞ポイント：ペンシルバニア式の刑務所建築、所長室、舎房、太子楼

▲監視デスクを中心に「智」、「仁」、「勇」の収容棟が放射状に広がり、24時間の監視体制が敷かれていた。

「中央台」は放射線状に伸びる「智」、「仁」、「勇」の各収容棟とつながっており、木製の監視デスクや赤いランプ、警報ベルなど、いたってシンプルな設備ながら監視の死角を許しません。その先の鉄門を抜けると、同じような木の扉が両側にずらりと並んだ舎房にやってきます。薄暗くひっそりとしていて、壁には配膳や監視のための四角い穴が開いています。舎房の上方には空中巡邏通路があり、各房を上から監視していました。刑務官はたいてい水の入ったバケツを持って巡邏し、違反行為を発見すると上から水をかけて制止していました。このため、受刑者の間では「水来了」(水が来た)という隠語を使って、見回りがやってきたことを伝え合っていたそうです。

▲面会室の美しい飾り格子が刑務所の重々しい雰囲気を和らげる。

一四三　嘉義　獄政博物館

敷地内には受刑者らが刑務作業を行っていた「工場」があります。今では豆干（押し豆腐）やチョコレート、パイナップルケーキなど、刑務所で作られた食品が人気を集めていますが、この旧刑務所ではボールペンの組み立て作業が行われていました。工場の建物は一直線に伸びた木造建築で、天井は高く、屋根の上には採光と換気のための「太子楼」と呼ばれる越屋根が乗っています。

＊越屋根……採光や換気のため、屋根の棟をまたぐように設けられた小さな屋根。

▲工場は木造。屋根には「太子楼」（越屋根）が設置されている。

工場から壁を隔てた向こうは女子刑務所の「婦育館」。男性刑務所と違うのは育児室があること。収監後に出産、もしくは収監時に3歳以下の子どもがいて、誰にも預けられない場合は、母親とともに収容されることが許されていました。

嘉義旧刑務所が古跡として認定され「獄政博物館」として再生したのは、建築物として優れているばかりでなく、刑務所文化を伝える存在であったからです。近年、多くの歴史的建築が取り壊されていますが、理由はなんにせよ、文化資産の一大損失であることに変わりありません。レトロ建築の保護は一部の人々の取り組みだけに委ねるべきものではなく、各界が力を出し合うことが必要です。ぜひ歴史的建築に足を運んでください。それが行政を動かす力になるかもしれません。

◀便器の向きに注目。監視のため、受刑者は用を足すにも刑務官の方を向かなければならなかった。

▲ほの暗い収容棟には、今も重苦しいムードが漂う。

一四五 嘉義 獄政博物館

▲ベッドが並ぶ縦長の部屋は、受刑者の病室だった。

▲女性刑務所の「育児室」。冷たい刑務所にも温もりを感じる一角。

▼受刑者たちが獄中で隠し持っていた禁制品と、その隠し方が紹介されている。

清木屋せいもくや
日本人医師が建てた診療所がカフェに転身

「清木屋せいもくや」は、1930年に日本人医師の松浦保氏が「朴子公医院」として建てたのが最初であり、1956年には外科医の黄清木さんが買い取り、外科診療所「清木外科」兼住宅として使用していました。一見、寄棟造りの日本式木造建築ですが、1階に西洋式の立柱が並ぶ和洋折衷様式。90年という長い歳月を経ているものの、建物の構造はしっかりしており、保存状態も良好です。

「清木外科」のリノベーションを決意したのは、黄清木さんの孫、黄崇哲さんと妻の蕭秀霜さん。黄夫妻は同じ朴子地域の「日新医院」の保護活動に参加したのをきっかけに、祖父の診療所建築も、実は地方の重要な文化資産ではないかと思ったのが始まりだったそうです。それまで「清木外科」は、黄清木さんが亡くなってから30年以上も空き家のままでした。

▲町の中心である配天宮も必見。伝統的な「剪黏」(磁器片やガラス片を必要な大きさに切って貼り合わせる装飾)、石彫のほか、西洋風の鐘楼や鼓楼などがある。

▼配天宮の後殿の庭に植えられた四季蘭。参拝後に木の幹を撫でると体の不調や痛みが治ると信じられている。

清木屋せいもくや
嘉義県朴子市市東路40号

TEL:0935-060683
営業時間 11:00〜18:00
休日:月曜

展示・イベントスペース、カフェ、雑貨販売
建築時期:1930年
築年数:89年
当初の用途:診療所、住宅
鑑賞ポイント:日本式のヒノキ造り、十三溝タイル、
　　　　　　 医院時代の額、医療器具

「清木屋」として新しくオープンしたのは2016年。7カ月かけて改修された建築は、2階の傷んだ下見板、アルミサッシ、鉄製の庇が、すべて新しい下見板と木製の窓枠に取り替えられ、日本統治時代の趣を取り戻しました。

1920〜30年代に流行した「十三溝タイル*」が使われた壁にはレトロ感が漂います。屋内の床は、灰色の地に白と黒のパターンが入った人造大理石。薬局があった場所にはヒノキの板が新たに取り付けられ注文カウンターとなり、仕切りを取り払ったかつての病室はカフェに生まれ変わりました。玄関左手の応接間は展示室として開放され、診療所で使われていたメスやガラス製の注射器をはじめ、今ではアンティーク級の旧式レントゲン装置、8ミリ映写機、医療日誌などが展示されています。木造の階段や床の補強工事が行われた2階部分は、今のところ人手が足りず開放されていませんが、いずれバックパッカー向けの宿泊施設にする計画もあるとか。

▼左：すりガラスに透明の「清木外科医院」の文字。

▼右：1階の「十三溝タイル」は、日本統治時代の公的施設によく使われた建材。

* 十三溝タイル……1920年代末、台北北部で生産されたセラミックタイル。褐色、緑、オリーブグリーンなど多様な釉色がある。当時は国防面から、タイルの反射を避けるため表面に溝を入れた。この溝が約13本あったことから「十三溝」タイルと呼ばれる。

一四九　嘉義　清木屋せいもくや

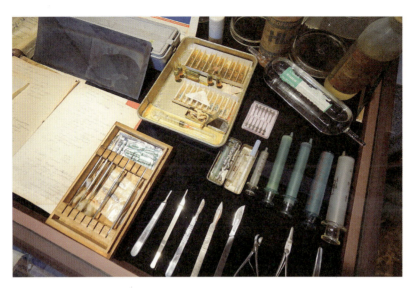

▲展示室にはメスやガラス注射器、医療日誌、賞状などが展示されている。

▲展示室は玄関左側の応接間を改装。

▲入って右手奥がかつての診察室。黄崇哲さんの父親の記憶に基づいて再現された。

▲片隅のソファーは赤紫色のベルベットの地に大理石のシート。背もたれとひじ掛けには1960〜70年代に流行した手編みの敷物が。

一五一　嘉義　清木屋せいもくや

「清木屋」のある朴子は、清の時代に「樸樹宮」（現在の「配天宮」）が建立されたことから発展した町で、今でも廟は町の信仰の中心です。日本統治時代に建てられた立派なレンガ造りの「東石郡役所」（現在の嘉義県警察局朴子分局）や、2016年に地元の若者たちが国から補助を受けて「沐書房」にリノベーションした「東亜大旅社」の泥塑によるアルファベットや精緻な装飾も、当時のこの町の豊かさを物語っています。朴子はまた、百年の老舗漢方薬店や民間療法など医療文化が発展した町でもあります。かつて20数軒もあった医療施設は用途が変更されるなどしていますが、「清木外科」から「清木屋」へのリノベーションは、さらに多くの朴子の旧医院の再建を呼びかけるものになるでしょう。

東亜大旅社はかつて朴子で最も高い建造物だった。現在、1階右側のスペースは、地元の若者たちが運営する書店「沐書房」。

黎媽的家
(リー マー ダ ジャー)

音楽が聞こえてくるような旅人たちの休息地

台南市独特の入り組んだ路地を入っていったところに、思わず歌を口ずさんでしまいそうな家があります。窓には五線譜と音符、月や星の飾り格子、外壁にはオレンジ色や青色のモザイクタイル、薄緑色の菱形模様のタイルや丸タイルなどをまとい、実に表情豊かです。

一五三 台南 黎媽的家

▲2階の外壁は青のモザイクタイルとさまざまなパターンのタイルがうまく調和している。

鉄工場の経営者だった建物の主人は、子どもたちのために夢いっぱいの新居を自らデザインしました。例えば工場の廃材を再利用した飾り格子は、音符を一つひとつハンダ付けで丁寧に仕上げたもの。屋内の人造大理石の床にも、三角形や立方体、リボンや動物など楽しい図柄が盛りだくさん。実はこれらの図柄にはそれぞれに意味があり、例えば息子の部屋の「ウサギとカメ」は、敵を軽んじず、絶え間ない努力が大切であることを子どもに伝えるものでした。床の模様は当時の民家ではあまり見かけない、真ちゅうで目地を取った繊細なもので、ここからも主人のこだわりが見て取れるでしょう。

黎媽的家
台南市中西区郡緯街110号

TEL:0933-443637

ホステル
建築時期:1968年
築年数:51年
当初の用途:住居
鑑賞ポイント:音符や星と月などの飾り格子、
　　　　　　動物図案の人造大理石の床、
　　　　　　モザイクタイル

現在、この建物を借り受けてホステルを経営しているのが「黎媽」(黎おばさん)です。黎媽は音楽の先生で、音符に包まれたこの建物を一目で気に入ったそうです。20歳で日本に留学したとき、同じ台湾出身の人に助けられた時のことが忘れられなかったという黎媽。カウチサーフィン(旅行者が無料で他人の家に宿泊させてもらうサービス)のホストもやってきましたが、これからは「黎媽的家」を通して旅人たちをもてなし、わずかな宿泊料はホステルの維持費に充て、かつて受けた恩や親切を、今度は自分がつないでいきたいということです。

▶鉄工場の廃材を利用した飾り格子。丸く抜き取った部分は鉄工場の廃材を再利用。

▲同じく廃材を使った飾り格子。星、太陽、クリスマスツリーなどがあしらわれている。

一五五　台南　黎媽的家

▲息子の部屋の床には「ウサギとカメ」の物語をモチーフにした図柄。

▲階段の踊り場に翻ったリボン模様。

▼上：応接間の床にも何やら幾何学的な図案。子どもたちに面積の求め方を教えるためのものだったとか。

▼下：応接間の床に建造年の「1968」の数字。

十鼓仁糖文創園区
シューグーレンタンウェンチュアンユァンチュー
旧製糖工場から生まれ変わった太鼓のテーマパーク

高い煙突がトレードマークの旧製糖工場「仁徳糖廠」は、「台湾製糖株式会社」が1909年に建設した「車路墘製糖所」が前身。台湾の製糖の歴史はとても古く、明代末期からさまざまな形式の製糖工房が発展してきました。日本統治時代と終戦後には、サトウキビの栽培面積の拡大や製糖工場の現代化によって、台湾の製糖業は一大産業に発展。1970年代には世界の砂糖価格が急騰し、台湾でもサトウキビ栽培に転向する農家が増えましたが、これをピークに台湾の製糖業は衰退の一途をたどり、製糖工場の多くが1980～90年代に生産中止に追い込まれてしまいます。「仁徳糖廠」は、そんな製糖工場の一つでした。

▼5つの巨大な歯車をモチーフにしたステージ。背後にそびえる高い煙突は、パークのシンボル的存在だ。

一五七 台南 十鼓仁糖文創園区

▲太鼓の製作過程を紹介するコーナー。

「仁徳糖廠」の再生は、太鼓のパフォーマンス集団「十鼓擊楽団」との出会いが始まりでした。2004年、太鼓の練習場所を探していた十鼓擊楽団は、紹介を通じて「仁徳糖廠」の12の倉庫を借り受け、建築本来の特色を損なわないことを前提に、30人あまりの団員が自らの手で内部の空間を修繕していきました。そのあとも工場内の残りの空間と設備を段階的に借り、敷地内全体のリノベーションを進め、現在のような太鼓文化のテーマパークとして再生を果たしました。

園内の「清渓林製鼓廠」は、台湾初の太鼓の研究開発を行う楽器店です。室内には半製品の太鼓がたくさん並んでいて、太鼓ができあがるまでの過程を詳しく知ることができます。また、モスグリーンのトタン板が印象的な古書店の「修護書屋」ではカフェが併設され、来園者が一息つけるスペースを提供しています。もともとは工場の設備を修理したり、工具を作ったりしていた場所で、壁には安全標語や電源スイッチなどが当時のまま残されています。

十鼓仁糖文創園区
台南市仁徳区文華路二段326号

TEL：06-2662225
営業時間：09:30〜21:30
（休園日は曜日によって変動するため公式サイトを参照）

太鼓のテーマパーク、イベントスペース
建築時期：1909年
築年数：110年
当初の用途：製糖工場
鑑賞ポイント：サトウキビの搾りかす貯蔵室、
　　　　　　ボイラーの作業用通路、煙突滑り台、
　　　　　　当時の各種工具や設備

▲書店「修護書屋」にリノベーションされた旧修理場。

1939年に建てられた製糖工場の事務所は、製糖工場や周辺地域の歴史を紹介する「車路墘故事館」に生まれ変わりました。今でこそ美しい木造建築に修復されていますが、当初は表の庇(ひさし)を支える柱から、戸や窓、屋根瓦に至るまで損傷が激しく、楽団は多額の修繕費を投じて専門家に修復を依頼したということです。このほかにも、園内では製糖過程で生成される糖蜜を貯蔵していた3つのタンクを活用し、それぞれオリエンテーション展示、キッズスペース、カフェとして運営しています。貯蔵タンクはそれぞれ独立していましたが、空間の再利用にあたり、タンクを空中歩道で連結させ「蜜糖三連缶」と名付けました。

一五九　台南　十鼓仁糖文創園区

▲かつての事務所を修復した「車路墘故事館」。レールと台車が昔ながらの木造駅舎を彷彿させる。

▲3つの貯蔵タンクはそれぞれ高さが約10mで、空中歩道でつながっている。

台南　十鼓仁糖文創園区

「十鼓仁糖文創園区」は、アジアで初めての太鼓音楽をテーマとした芸術村です。今、工場内から聞こえてくるのはサトウキビを圧搾する機械の音ではなく、心に響く力強い太鼓の音。台湾では巨額を費やして修復した古い建築が、再び放置されているものも少なくありません。そこに欠けているのは、十鼓撃楽団が続けてきたような、人と建築をつなぐ心と努力なのかもしれません。

「蜜糖三連缶」の2棟目は上部を八角形に改築。カフェとなっている3棟目の天井は12の星座をイメージし、円柱を中心に星座を配しいている。

同・居 With Inn Hostel
トン ジュー
ゆったりとした時間が流れるカラフルなホステル

ホステル「同・居」は1963年に建てられた3階建ての建築。高雄の賑やかな玉竹エリアの路地内にあり、交通の便の良さから、多くの外国人バックパッカーに利用されています。当時、周囲には畑ばかりが広がっていましたが、近くに百貨店ができた1975年以降、辺りの景観は少しずつ都会化していきました。

高雄 同・居 With Inn Hostel

▲飾り格子のデザインは各階で異なる。1階は渦巻く雲をイメージした中国の伝統的な祥雲模様。

この建物を建てた主人は建築関連の仕事に携わっていたため、建材にも装飾にも大変こだわりました。例えば、屋内にはタイルと人造大理石を大量に使い、手入れのしやすさを追求。各階の窓にも複雑なパターンの「鉄窓花」(飾り格子)を取り付け、1階の鉄窓花には高雄でよく見られる祥雲模様を取り入れました。総じて、飾り格子から型板ガラス、モザイクタイル、人造石洗い出しや人造大理石の床に至るまで、まさに1960年代のレトロ建築の要素を一身に集めたような住居です。

ホステルには入り口が2つあり、内側の扉から入るとレセプションです。ここは食堂だった空間で、薄黄色の人造大理石の受付カウンターには、当時では珍しい上げ下げ窓が付いています。もう一つの扉は食堂に通じていて、宿泊客以外のお客さんにも、スイーツを食べながらレトロ建築の雰囲気を楽しんでもらうことができます。上の階に続く人造大理石の階段は、配色が美しいばかりでなく、つくりも極めて細やか。滑り止め部分には黄色の素材を使用して見やすくし、手すりもつかみやすいように台形にデザインされています。祖先や神様を祀っていた最上階は、今は宿泊客の交流の場として使われ、床も緑と赤の花模様のタイルに張り替えられました。

同・居 With Inn Hostel
高雄市新興区文横一路5巷28号

TEL:07-2410321

ホステル
建築時期:1963年
築年数:56年
当初の用途:住居
鑑賞ポイント:祥雲模様の飾り格子、上げ下げ窓、型板ガラス、階段の踊り場に設けられた人造大理石の腰掛け

▲人造大理石の受付カウンターは、もともと料理の出し口だった。カウンター上方に小屋をデザインした上げ下げ窓。

▲客間だったスペースを食堂に改造。宿泊客以外の客もここでスイーツなどを楽しむことができる。

「同・居」を運営する若い夫婦は、2人の好みであるインダストリアルスタイルの照明をところどころに取り入れ、レトロと現代性を融合させた空間を演出しています。その一方で、料理用の人造大理石の天板、子どもたちが隠れん坊して遊んだクローゼット、階段の踊り場にあるおばあちゃんの腰掛けなど、屋内にもともとあったものも、建物の主から聞いた思い出とともに大切に保存しています。

▲人造大理石の階段はとても精緻なつくり。黄色の滑り止めやつかみやすい手すりなど安全性も追求している。

▼むき出しの電球がインダストリアルな雰囲気を演出。レトロ建築に見事に融合している。

▲階段の踊り場に設けられた半円形の台は、階段を上り下りするおばあさんのために作られた休憩用の腰掛け。

▼祖先や神様を祀っていた最上階の床は、赤と緑の花模様のタイルに張り替えた。

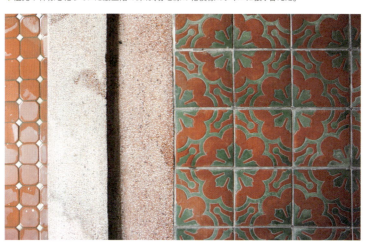

▼外壁のタイルをきれいに洗い、ドア枠や飾り格子のペンキを塗り直すと、建築の装飾性がいっそう際立った。

▲客室はドミトリータイプとダブルルーム。2段ベッドは夫妻が部屋に合わせて特注したもの。

一六七　高雄　同・居　With Inn Hostel

南部で見つけた「老屋顔」いろいろ

屏東

▲住人のおばあさんによると、この鉄窓花は50年以上も前に作られたもの。特別なデザインにしたいと思い、飛行機の模様にしたんだそう。当時は地元で最も高い2階建てだったが、今ではまわりに高い建物ばかりが建ってしまった。

高雄

▲遠目では発泡スチロール素材のコップにしか見えなかったが、よく見ると山水の中を悠然と進むヨットだった。

嘉義

▲左右の白と黒の戦闘機が家を守っている。

一六九　コラム　南部で見つけた「老屋顔」いろいろ

高雄

▶馬車に乗っているのは、手にムチ、口にくわえ煙草のおじいさん。鉄格子になぜこんな図案を選んだのだろう。

台南

▲思わずお肉をつまみたくなる、丸々と太った2人の赤ちゃん。

高雄

▼龍安宮の床にあしらわれた大樹龍安地区の3つの農特産品。なんの果物か当ててみよう。

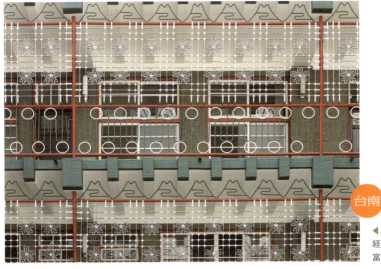

台南

◀とある製薬メーカーの経営者宅。ずらりと並ぶ富士山と桜に圧倒される。

レトロ建築の職人を訪ねて

装飾ブロック
葉弘毅さん

装飾ブロックは、赤レンガとともにレトロ建築に使用されることの多い素材です。空洞になったブロック面は装飾性を備えるばかりでなく、通気性や採光などの実用性にも優れています。レンガほどの耐荷重性はありませんが、レンガと鉄格子の両方の機能を備え、鉄のように錆びてしまうこともないので、海風の強い沿海地域でよく見られる建材です。

一七三　レトロ建築の職人を訪ねて　装飾ブロック

装飾ブロックは、練り混ぜた生コンクリートを型に流し込み、金槌で叩きながら均一に圧力をかけて成形します。枠から外したブロックは、さらに水をかけて強度を高める必要があり、毎日決まった時間に散水し、自然乾燥させ、これを7日間ほど繰り返して完成させます。昔は攪拌機がなかったため、職人が材料と水の比率を感覚で確かめながら手作業で練り混ぜていたほか、型枠もコストの低い木枠が使われていました。

葉弘毅さんは、台南の老舗コンクリート製品メーカー「大億水泥製品行」の3代目。家業を継いで3年目になります。葉さんによると、ブロック作りの見習いは、まず成形したブロックに水をかけることから始まり、それから生コンクリートの調合、流し込み、脱型と続き、成形の金槌に触らせてもらえるようになるには、少なくとも1年以上はかかるそうです。

「大億水泥製品行」の全盛期には、装飾ブロックのパターンは100種類以上を数えましたが、需要が少なくなるとともに作られるパターンも少なくなっていきました。葉さんによると、今は建材としてではなく、内装用にインテリアデザイナーからの注文が多いということです。近年、打ちっぱなしコンクリートのようなシンプルな建築スタイルが流行っているため、同じようなテイストのセメント素材が好まれる傾向にあります。材質もどんどん改良されているなかで、装飾ブロックも再び注目される日が来るかもしれません。

▲葉弘毅さんは1976年生まれ。家業を継いで3年目になる。最近ではネット販売とカスタマイズ製品にも力を入れ、レトロ建築には欠かせない装飾ブロックを守り続けている。

昔は木製の型枠で装飾ブロックを作っていたが、現在はステンレス製を使用。型枠は数個のパーツから成り、ずっしりとしたパーツを組み立てていくと一つのパターンになる。

一七五　レトロ建築の職人を訪ねて　装飾ブロック

▶型枠の製作は、枠から外しやすいパターンかどうかがポイント。新しい型枠でブロックを作るときは、まず材料を効率的に流し込む方法、金槌で叩く際の叩き方などを確かめる。パターンによって金槌の力加減も変わってくるという。

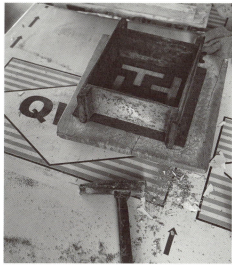

大億水泥製品行／葉弘毅
電話：06-2670969
住所：台南市東区東門路三段34号

モザイクタイル
何国安さん

レトロ建築によく見られるモザイクタイル。台湾では1969年ごろに生産が始まり、施工や手入れが簡単なことから、人造大理石に代わって住居の外壁に広く用いられていました。しかし、石材が大量に輸入されるようになったことや、タイル商品の多様化を受け、昔のモザイクタイルは生産中止となってしまいました。今では各地の建材屋に残っている在庫で最後だそうです。1961年から続く「長安建材行」にも、こうした昔のモザイクタイルが敷地内の裏庭に保管されていました。

▲兵役を終えた24歳のとき、兄が経営していた「長安建材行」で働き始めた何国安さん。店は50年以上の歴史があり、昔ながらのモザイクが残っている。

「長安建材行」の責任者である何国安さんによると、その昔、モザイクタイルはバラバラのタイルが袋に入れられて窯場から運ばれてきました。まず、これらのモザイクタイルを30cm四方のボードに取り、振るっていきます。ボード内はタイルのサイズに合わせて金属片で仕切られているので、振るっていくとタイルが自然に枠の中に収まるようになっていて、このときに裏返しになったタイルを表にしたり、欠けたタイルを取り除いたりします。最後に並べ終えたタイルに小麦粉糊を塗り、クラフト紙を上から貼って固定させれば出荷準備完了。ちなみに当時は「モザイク」を「模塞庫（モーサイク）」、「タイル」を「Tairu（タイル）」と日本語読みしていたそうです。例えば前出のタイルを並べるボードは「Tairu板仔（タイル・バンナー）」と呼んでいました。

当時のモザイクタイルは、切断から施釉まで手作業で行っていたため、色合いも形も微妙に違い、同じものは一つとしてありませんでした。今でもモザイクタイルは生産されていますが、色の種類は増え、発色もよくなったものの、パターンは昔ほど多様ではないそうです。何さんのところに残っているモザイクタイルは、近年は映画のセット用に出荷したほか、レトロなインテリアを手がける業者からの注文もあり、近い将来、在庫も尽きてしまうだろうとのことです。

白タイル

色タイル

タイルをふるいにかける作業。タイルを銅片で仕切られたボードに乗せ、タイルが枠内にすべて収まるまで前後左右に揺らす。この段階で不良品も取り除いていく。

一七九 レトロ建築の職人を訪ねて モザイクタイル

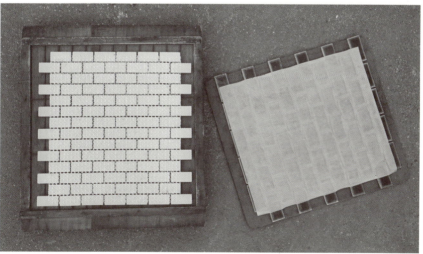

▲小麦粉糊を塗ったタイルの上にクラフト紙を貼って乾燥させ、客の注文数に応じて出荷する。

長安建材行／何国安
電話：07-6246753
住所：高雄市岡山区成功路212号

人造大理石
周進山さん／張瑞芳さん／許駲琪さん

台湾では人造大理石の歴史は長く、日本統治時代のころには既に技術も成熟していました。

最盛期は政府が十大インフラ建設計画を推進した1970～80年代でしょう。当時、台湾は好景気に沸き、住宅や工場が次々と建設され、人造大理石の需要も一気に高まりました。新しい建材の出現や施工に手間がかかるなどの要因で、需要は以前より少なくなったものの、低コストと優れたメンテナンス性を強みに、今でも一定の市場を占めています。

一八一　レトロ建築の職人を訪ねて　人造大理石

▲上：1953年生まれの周進山さん（左）は、14、5歳のときに見習いとして弟子入り。1941年生まれの張瑞芳さん（右）は兵役を終えた30歳のころにこの道に入った。同じ師匠の下で腕を磨いてきた2人は息もぴったり。

▲下：許馴琪さんは1980年生まれ。16歳から実家の左官業を手伝い、19歳のときに台北に出て人造大理石、「抿石子」（洗い出しによる仕上げをスポンジの拭き取りで行う工法）などの工法を2年間かけて習得。近年になって独立した。

この道50年以上の周進山さんと張瑞芳さんの説明によれば、人造大理石の施工で最も重要なのは下地づくりとのこと。下地の処理をしっかり行わないと、後続の工程に影響を及ぼしてしまうためです。下地が乾くのを待って真ちゅうの目地を入れていきますが、真っ直ぐな目地を入れるだけでも丸一日はかかります。次に大理石などの砕石を練り合わせたセメントを塗りつけ、ローラーで平らにします。ここから3日間ほどかけて乾燥させ、完全に乾いたら粗研磨から細かい研磨へと段階的に表面を磨いていきます。床の場合は水を撒きながら大型研磨機で行う湿式研磨、幅木や階段など面積の小さい場所はハンドグラインダーによる乾式研磨を行います。最後に蝋を薄く塗って火であぶり、蝋を床の隙間に浸透させれば、あとは仕上げの研磨で完了です。

床や階段、壁、立柱ばかりでなく、手洗い場、公園のベンチや滑り台などにも広く応用されてきた人造大理石。鉄窓花やモザイクタイルは、すでに作り手がいなくなってしまいましたが、人造大理石の施工技術は今も受け継がれています。若手の許馴琪さんによると、人造大理石の施工方法は昔と大きく変わっていないものの、研磨機の進歩により作業がはかどるようになったそうです。また、蝋を火であぶる工程も、今は安全面から油性ワックスを塗り、直接ポリッシャーで仕上げているとのこと。時代とともに施工方法も確かに変化しつつあるようです。

周進山さん／張瑞芳さん

人造大理石の施工で最も重要なのが下地づくり。下地が平らでなかったり、モルタルの調合比率が偏っていたり、または硬化の状態を把握できていないと、後々の工程に響く。このため、師匠は下地づくりの指導に特に力を入れたという。

一八三　レトロ建築の職人を訪ねて　人造大理石

許䭾琪さん

下地処理、目地入れ、人造大理石の上塗り、ならし、研磨、ワックスがけなど、施工方法は昔とあまり変わらない。

南投草屯－全友工程行／周進山
TEL：049-2338583
住所：南投県草屯鎮草渓路252-1号

新北新荘／許䭾琪
TEL：0963-295501
住所：新北市新荘区新泰路502巷
　　　41弄12号4F

型板ガラス
黄文昇さん

木製の窓枠にはめ込まれた型板ガラス（模様ガラス）は、レトロ建築には欠かせない要素です。しかし、生産工場の海外移転にともない、台湾では型板ガラスは生産されなくなり、ガラスを補修しようと思えば、老舗ガラス店の在庫をあたるしかありません。台湾南部の高雄市にある「建昇玻璃行」は開業45年になるガラス店。高雄では一、二を争うガラスの老舗で、市内の「建」の字が付くガラス店は、すべてここで修行をした職人や親戚が開いているのだそうです。

▲ 黃文昇さんは今年55歳。兵役を終えたばかりの若いころに父親から「建昇玻璃行」を受け継ぎ、開業して45年になる。

店主の黃文昇さんは、23歳のときに父から店を継いだ2代目。黃さんによると、当時の型板ガラスの供給元は「台湾玻璃」と「新竹玻璃」の2社のみでした。製造技術の限界から、ガラスは90×60cmほどの小さなサイズだったので、昔は窓枠を小さめに区切る必要があったということです。また、ガラスの厚さも2mm程度のため、割れやすいという印象がありました。黃さんは棚に残っている最後の模様ガラスを取り出し、それぞれの呼び名を教えてくれました。表面が氷砂糖のような模様の「鑽石」（"ダイヤモンド"の意）、診療所などでよく使われたストライプ状の「直紋」、かつて広く流行した十字型模様の「銀星」、そして4枚の花びらをかたどった「海棠」。いずれも人気の模様ガラスでしたが、今は台湾では生産されておらず、在庫を使い切ればそれでおしまいとのこと。

ペンのような形状のガラスカッターについても、黃さんは実演を交えながら紹介してくれました。昔はカッターの先端に小さなダイヤが付いていて、職人たちはダイヤの最も尖った部分を確認しながら、最適な角度でガラスを切断していました。現在はオイル注入式のカッターが使われ、刃先は合金ローラーなので手を切る心配もありません。とは言え、ガラス職人にとってガラスによる傷は、まるで歳月の中で残された年輪のようなもの。黃さんの手にもガラスを運んだときに切ったと思われる傷跡がはっきりと残っていました。

ガラスを切断するときは、親指と人差し指でしっかりとカッターを持ち、中指をガラスの縁に当て、縁の直線に合わせるようにカッターを真っ直ぐ滑らせる。そのあと、軽くたたくとガラスは簡単に2枚に割れる。

一八七 レトロ建築の職人を訪ねて 型板ガラス

ガラスを窓枠にはめ込む
ときは、つるんとした面を
外側にする。汚れがたまり
にくく、手入れがしやすい。

建昇玻璃行／黄文昇
電話：07-2820816
住所：高雄市青年一路460号

鉄窓花
阿文師さん／林鈴通さん

3～5階建てのアパートがまだ新しかった時代、低層階では防犯のため、窓に鉄製の面格子を取り付けるのが一般的でした。その鉄格子に防犯機能だけでなく、美しい模様や縁起のよい寓意を取り入れた装飾的なものを「鉄窓花」と呼び、戦後の台湾に広く見られるようになりました。鉄窓花の多様な模様を分解してみると、ほとんどが扁平な鉄棒（幅約2cm、厚さ約0.3～0.5mm）と丸い鉄棒（直径約1cm）を加工したものから構成されています。これらの鉄棒は、予め作っておいた型に当ててカーブをつけていき、熱も加えず、ただ職人の感触と力加減によって形にしていきます。「福禄」、「春」、「囍」などの複雑な文字はパンチプレスを使って作ります。

一八九　レトロ建築の職人を訪ねて　鉄窓花

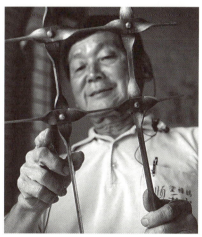

▲上：阿文師さんは十代のころに鉄工場の見習いとして働きはじめ、当時の徒弟制を経験した一人。鉄窓花の盛衰を目の当たりにしてきた。

▲下：林鈴通さんは1943年生まれの鉄工職人。もう鉄窓花は作っていないが、町の建築には林さんの手による鉄窓花が数多く残っている。

鉄工職人の阿文師さんは、40数年前に台湾北部の基隆で鉄工場の見習いとなり、これまで多くの鉄窓花を作ってきました。当時はどの鉄工場でも作っていた鉄窓花ですが、今では製作を請け負っているところはほとんどなく、阿文師さんも現在はもっぱら店舗内装業に従事しています。

阿文師さんは棚から分厚い鉄板を取り出し、実際に鉄窓花のパーツをつくるところを見せてくれました。挟み工具で鉄棒と鉄板上の型を挟んで固定させ、鉄棒を型に当てながら素手で曲げていきます。大きな力がいりそうですが、弟子のころは1日に数百本の鉄棒を曲げてきたので、すっかり慣れてしまったとのこと。また、型は鉄工場が各自で製作するため、地域ごとに鉄窓花の特色が出るのだそう。

南部雲林県の土庫鎮で最初の鉄工場を始めた林鈴通さんも、鉄窓花はもう作っていませんが、林さんが手がけた鉄窓花は、地元のレトロ建築に今でも数多く見ることができます。
　鉄窓花の衰退の一つに手入れのしにくさがあると言います。当時の面格子の原料には、加工のしやすい鉄が用いられていましたが、錆びやすいため、定期的な手入れがとても面倒でした。そして30年ほど前に登場したステンレスやアルミ製の面格子は、鉄製のような複雑なパターンはありませんが、製作にも設置にも時間がかからず、しかも錆びにくい特性から、たちまち市場を席巻。鉄窓花はメンテナンスと費用面から需要が少なくなっていき、とうとう姿を消してしまいました。

鉄窓花はもう作っていないというお二人でしたが、その腕はまだまだ健在です。費用は高くても鉄窓花を取り付けたいという人が増えたり、あるいはその技術を一から学びたいという若者が現れれば、鉄窓花の技術も、いずれ途絶えてしまうという運命から逃れることができるかもしれません。

阿文師さん

鉄棒を電気のこぎりで同じ長さの棒に切断し、手作りの型を使って手の力だけで鉄棒を曲げていく。これらを組み合わせて模様に並べ、最後に溶接して仕上げる。

一九一　レトロ建築の職人を訪ねて　鉄窓花

林鈴通さん

まず窓のサイズに合わせて鉄棒を切断し、実際に並べて角度を確認する。交叉する部分に印をつけて穴を開け、締め釘を差し込み、後ろから軸部分を潰して固定させる。格子の基本的な枠組みができたら、各種模様部分をはめ込んでいく。

基隆／阿文師 Sit down pls 請作鉄木工坊
住所：基隆市工建南路2号

雲林／林鈴通 通茂鉄工行
住所：雲林県土庫鎮中山路37号

著者紹介：老屋顔（辛永勝・楊朝景）

2013年から台湾各地に足を運んで古い建築を訪ね歩き、レトロ建築のファンクラブ「老屋顔」を設立する。FacebookやInstagramなどのSNS上で情報発信するほか、「老屋顔アプリ」の開発など、さまざまな形でレトロ建築の魅力を伝える活動を行っている。著書に『台湾レトロ建築案内』（エクスナレッジ刊）。

訳者紹介：小栗山智（おぐりやま とも）

東京外国語大学中国語学科卒業、台湾輔仁大学翻訳学研究所日中通訳科修了。香港で放送通訳、金融翻訳などのインハウス通翻訳を経て、現在はフリーランスの日中通翻訳者。

台湾名建築めぐり

2019年3月20日　初版第1刷発行

著・写真	辛永勝・楊朝景
訳者	小栗山智
発行者	澤井聖一
発行所	株式会社エクスナレッジ 〒106-0032 東京都港区六本木7-2-26 http://www.xknowledge.co.jp/
問い合わせ先	［編集］ Fax: 03-3403-5898 info@xknowledge.co.jp ［販売］ Tel: 03-3403-1321 Fax: 03-3403-1829

無断転載の禁止

本書の内容（本文、写真、図表、イラスト等）を、当社および著作権者の承諾なしに無断で転載（翻訳、複写、データベースへの入力、インターネットでの掲載等）することを禁じます。